JN294030

中国語
成語でコミュニケーション

付＊ドリル

邱奎福 Qiu Kuifu 著

白帝社

* カバーの円状に並んだ漢字は次の8つの四字成語からなり,各成語の４字目が次に続く成語の語頭になっています。八から時計回りに読んでみましょう。

八仙过海　bā xiān guò hǎi　　おのおの独自のやり方がある

海底捞月　hǎi dǐ lāo yuè　　海の中から月をすくう

月光如水　yuè guāng rú shuǐ　　月光は水の如し

水天一色　shuǐ tiān yí sè　　水と空が同じ色である

色胆包天　sè dǎn bāo tiān　　情欲にかられればどんな大それたことでもしかねない

天相吉人　tiān xiàng jí rén　　善良な人には天の加護がある

人多嘴杂　rén duō zuǐ zá　　人が多ければ意見もまちまちである

杂七杂八　zá qī zá bā　　非常に乱雑である

まえがき

　成語は中国語の精華であり，中には中国人の知恵が凝縮されているものも多々あります。成語をマスターすれば，言語表現が豊かになるのみならず，中国の歴史や文化をも知ることができますので，一石二鳥です。

　中国語表現の中に的確に成語を使用すれば，言葉がより簡潔に，生き生きしたものになり，説得力も一層増します。

　成語には慣用熟語のうち，主として4字からなり，よく引用され，出典の明らかなものが多いですが，しかし，四字成語と慣用句，ことわざとの区別は必ずしも明確なものではありません。ちなみに商務印書館から発行された≪新華成語詞典≫には，「十中八九」「百聞は一見に如かず」「委細かまわず」「三日坊主」（"八九不离十""百闻不如一见""不管三七二十一""三天打鱼，两天晒网"）などの熟語も収録されています。

　上記の実情を考慮し，本書には四字成語のほかに，いくつかのよく使われる慣用熟語も取り入れましたことをご了承ください。

　本書が中国語学習者の皆様の成語習得の一助になれれば，幸いです。

2011年8月

邱　奎　福

目　次

まえがき

● 場面別　成語でコミュニケーション ……………………………… 5

1. 初対面，自己紹介の時に使える決まり文句 ………………………… 7
   不远千里　　如雷贯耳　　三生有幸　　一见如故
   相见恨晚　　似曾相识　　求之不得

2. 感動や，驚きを成語で表現する ……………………………………… 10
   举世闻名　　上有天堂，下有苏杭　　山清水秀
   翻天覆地　　日新月异　　前所未有　　绿水青山

3. 嫌みにならないように相手を持ち上げる …………………………… 13
   一诺千金　　老当益壮　　任人唯贤　　能文能武
   能者多劳　　入木三分　　板上钉钉

4. 激励する。相手のやる気を引き出すための表現 …………………… 16
   持之以恒　　畅所欲言　　失败为成功之母　　趁热打铁
   精益求精　　以身作则　　千里之行，始于足下

5. 交渉：相手の譲歩を引き出すためのひとこと ……………………… 19
   当务之急　　人无远虑，必有近忧　　当局者迷，旁观者清
   机不可失，时不再来　　逆水行舟，不进则退
   求同存异　　迫不得已

6. 忠告する ………………………………………………………………… 22
   成人之美　　己所不欲，勿施于人　　换汤不换药
   和气生财　　兼听则明，偏信则暗　　理所当然
   言必信，行必果

7. 感謝する：感謝の気持ちを相手に伝える …………………………… 25
   无微不至　　吃水不忘挖井人　　千里鹅毛
   问寒问暖　　设身处地　　汗马功劳　　知恩必报

8. お詫び ……………………………………………………………… 28
  不辞而别 粗心大意 高抬贵手 宽宏大量
  无地自容 下不为例 丢三落四

9. 強くアピールするときに有効なひとこと ……………………… 31
  事半功倍 就地取材 独一无二 工欲善其事，必先利其器
  首屈一指 独具匠心 得天独厚

10. 主張する，意見を述べる …………………………………… 34
  对症下药 推陈出新 有言在先 从长计议
  直言不讳 一纸空文

11. 接待 — もてなしの場で …………………………………… 37
  开怀畅饮 酒逢知己千杯少 甘拜下风
  醉翁之意不在酒 文武之道，一张一驰 手下留情

12. 別れ — 再会を期して …………………………………… 40
  光阴似箭 悲欢离合 一帆风顺 地久天长
  来日方长 送君千里，终有一别 各奔前程

 ＊ 練習問題の解答 ……………………………………………… 43

● 多音字を含む成語 ……………………………………………… 47

● 四字成語マスタードリル ……………………………………… iii

●本文カット・カバーデザイン：奥山和典［酒冨デザイン］

場面別

成語でコミュニケーション！

「成語が難しい，どういう時に使えばいいのかがよく分からない」という学習者の声をよく耳にします。それに応えるべく，場面別では，下記の12の状況を想定し，その時に中国人が最も好んで使う表現をまとめてみました。また，それぞれの成語を使う際の注意点なども付記しました。学習者の方には是非例文の成語を理解し，積極的に使ってみることを勧めます。

各場面の最後に練習問題を1題設けました。習得した成語を覚えているかどうかのチェックに利用してください。正解以外の成語も覚えましょう。あなたの成語表現の力がきっと一層レベルアップできるでしょう。

1. 初対面，自己紹介の時に使える決まり文句
2. 感動や，驚きを成語で表現する
3. 嫌みにならないように相手を持ち上げる
4. 激励する：相手のやる気を引き出すための表現
5. 交渉：相手の譲歩を引き出すためのひとこと
6. 忠告する
7. 感謝する：感謝の気持ちを相手に伝える
8. お詫び
9. 強くアピールするときに有効なひとこと
10. 主張する，意見を述べる
11. 接待——もてなしの場で
12. 別れ——再会を期して

1. 初対面，自己紹介の時に使える決まり文句

1. 不远千里 bù yuǎn qiān lǐ

遠路はるばる

田中先生**不远千里**来为我们传授技术，请大家鼓掌欢迎。
Tiánzhōng xiānsheng bù yuǎn qiān lǐ lái wèi wǒmen chuánshòu jìshù, qǐng dàjiā gǔzhǎng huānyíng.

田中さんは我々に技術を伝授するために，遠路はるばる来てくださいました。皆さん拍手で歓迎しましょう。

注 "不远千里"は遠いことを強調した言い方なので，距離的に近い場合は使わない方がよい。"不远万里"とも。

2. 如雷贯耳 rú léi guàn ěr

ご高名はかねがね承っている

久闻王总经理大名，**如雷贯耳**。
Jiǔwén Wáng zǒngjīnglǐ dàmíng, rú léi guàn ěr.

王社長のご高名はかねてより伺っております。

注 社会的な地位がさほど高くない人には"如雷贯耳"を使わない方がよい。もっとくだけた"久仰，久仰。Jiǔyǎng, jiǔyǎng."（お名前はかねて承っております。）或いは"幸会，幸会。Xìnghuì, xìnghuì."（得がたい出会い。）を使うとよい。

3. 三生有幸　sān shēng yǒu xìng

　　この上もない幸いである

今天见到李董事长，真是**三生有幸**。
Jīntiān jiàndào Lǐ dǒngshìzhǎng, zhēnshi sān shēng yǒu xìng.

本日は李会長にお会いできて，本当にこの上もない幸せです。

注　"三生有幸"の代わりに"非常荣幸。Fēicháng róngxìng."（大変光栄です。）を使ってもよい。

4. 一见如故　yī jiàn rú gù

　　初対面で意気投合し親友のようである

和各位在一起，有种一**见如故**的感觉。
Hé gèwèi zài yìqǐ, yǒu zhǒng yī jiàn rú gù de gǎnjué.

皆様と一緒にいると，初対面ながら旧知に会ったような気がします。

注　"有种一见如故的感觉"を"就像见到了老朋友一样。Jiùxiàng jiàndàole lǎo péngyou yíyàng."（まるで旧友に会ったようです。）に言い換えるとより口語的になる。

5. 相见恨晚　xiāng jiàn hèn wǎn

　　早く会わなかったことを恨む

彼此谈得这么投机，真是**相见恨晚**。
Bǐcǐ tánde zhème tóujī, zhēnshi xiāng jiàn hèn wǎn.

互いにこんなに馬が合うとは，本当にもっと早く知り合いになっていたら良かった。

6. 似曾相识　sì céng xiāng shí

かつて会ったようである

虽然是第一次来贵地，但是有种**似曾相识**的感觉。
Suīrán shì dì yī cì lái guì dì, dànshì yǒu zhǒng sì céng xiāng shí de gǎnjué.

初めて訪れた所ですが、かつての知り合いに会ったような気がします。

類　"重游旧地 chóng yóu jiù dì"（旧遊の地を再び訪れる）

7. 求之不得　qiú zhī bù dé

願ってもない

在上海工作对我来说是**求之不得**的事儿。
Zài Shànghǎi gōngzuò duì wǒ láishuō shì qiú zhī bù dé de shìr.

上海で仕事することは私にとって願ってもないことです。

類　"梦寐以求 mèng mèi yǐ qiú"（寝ていても手に入れようとする）

練習1：空欄を埋めるのに最も適当な成語を，A、B、C、Dから選びなさい。

我是第一次来杭州，但是却有一种＿＿＿＿＿＿的感觉。

A. 开门见山　B. 一见如故　C. 一见倾心　D. 一见钟情

2. 感動や，驚きを成語で表現する

1. 举世闻名　jǔ shì wén míng

世界的に有名である

举世闻名的万里长城，给我留下了终生难忘的印象。
Jǔ shì wén míng de Wànlǐ chángchéng, gěi wǒ liúxiàle zhōng shēng nán wàng de yìnxiàng.

世界的に有名な万里の長城は私に忘れがたい印象を与えてくれました。

類　"举世无双 jǔ shì wú shuāng"（世に並ぶものなし）
注　"终生难忘"（一生忘れられない）類義の成語に"没齿不忘 mò chǐ bú wàng"（生涯忘れない）がある。

2. 上有天堂，下有苏杭　shàng yǒu tiāntáng, xià yǒu Sū-Háng

天には極楽があり，地には蘇州・杭州がある

上有天堂，下有苏杭，果然是名不虚传。
Shàng yǒu tiāntáng, xià yǒu Sū-Háng, guǒrán shì míng bù xū chuán.

「天には極楽があり，地には蘇州・杭州がある」，本当にその通りです。

注　桂林ならば"上有天堂，下有苏杭"を"桂林山水甲天下。Guìlín shānshuǐ jiǎ tiānxià."（桂林の山水は天下一である。）とするとよい。
"名不虚传"（名に背かない）

3. 山清水秀 shān qīng shuǐ xiù

山紫水明

桂林山清水秀、美不胜收，令人流连忘返。
Guìlín shān qīng shuǐ xiù, měi bú shèng shōu, lìng rén liú lián wàng fǎn.

桂林は山紫水明で、素晴らしい風景が盛りだくさんで、人々が帰るのを忘れるほどです。

注 "美不胜收" は素晴らしいものがあまりにも多くて、見きれないという意味。単一のものや、変化の乏しい風景に使わない方がよい。

"流连忘返"（遊びにふけって帰るのを忘れる）

4. 翻天覆地 fān tiān fù dì

天地を覆す

改革开放后，中国发生了**翻天覆地**的变化。
Gǎigé kāifàng hòu, Zhōngguó fāshēngle fān tiān fù dì de biànhuà.

改革開放以降、中国は天地を覆すほどに変貌しました。

注 "地覆天翻 dì fù tiān fān" とも。

5. 日新月异 rì xīn yuè yì

日進月歩

近几年上海的发展，可真是**日新月异**啊！
Jìn jǐnián Shànghǎi de fāzhǎn, kě zhēnshi rì xīn yuè yì a!

この数年、上海の発展はまさに日進月歩です。

類 "一日千里"（1日に千里を走る）

6. 前所未有　qián suǒ wèi yǒu

未曾有である

中国的经济发展是**前所未有**的。　　中国の経済成長はこれま
Zhōngguó de jīngjì fāzhǎn shì qián suǒ wèi でにないことです。
yǒu de.

類 "史无前例 shǐ wú qián lì"（歴史に前例がない）

7. 绿水青山　lǜ shuǐ qīng shān

青々とした山と川

既要金山银山，又要**绿水青山**。我们一定　経済効果もほしければ，
要保护环境。　　　　　　　　　　　　　　青々とした山河もほし
Jì yào jīn shān yín shān, yòu yào lǜ shuǐ い。我々は環境を守らな
qīng shān. Wǒmen yídìng yào bǎohù huán- ければなりません。
jìng.

反 "穷山恶水 qióng shān è shuǐ"（荒れた山と危険な川）

練習2：空欄を埋めるのに最も適当な成語を，A、B、C、Dから選びなさい。

在西安我看过＿＿＿＿的兵马俑。

　　　　A. 名正言顺　B. 有名无实　C. 举世闻名　D. 一举成名

3. 嫌みにならないように相手を持ち上げる

1. 一诺千金　yí nuò qiān jīn

一諾千金

张总经理的话真是**一诺千金**啊。
Zhāng zǒngjīnglǐ de huà zhēnshi yí nuò qiān jīn a.

張社長のお言葉は本当に一諾千金です。

類　"一言九鼎 yì yán jiǔ dǐng"（言葉に重みがある）

2. 老当益壮　lǎo dāng yì zhuàng

老いてますます盛んなり

赵董事长真是**老当益壮**啊，来，我再敬您一杯。
Zhào dǒngshìzhǎng zhēnshi lǎo dāng yì zhuàng a, lái, wǒ zài jìng nín yì bēi.

趙会長はまさに老いてますます盛んなり，さあ，もう一杯を召し上がってください。

注　もし相手が若い人であれば，"老当益壮"を"年富力强 nián fù lì qiáng"（年が若くて精力旺盛である）に言い換えればよい。

3. 任人唯贤　rèn rén wéi xián

才能だけを見て人を任用する

刘厂长**任人唯贤**，实在是令人敬佩。
Liú chǎngzhǎng rèn rén wéi xián, shízài shì lìng rén jìngpèi.

劉工場長は才能だけによって人を任用し，敬服するかぎりです。

類　"求贤若渴 qiú xián ruò kě"（才能のある人を渇望する）
反　"任人唯亲 rèn rén wéi qīn"（親戚・縁故の関係だけによって人を任用する）

4. 能文能武　néng wén néng wǔ

文武両道に優れている

李总的部下个个**能文能武**，果然是"强将手下无弱兵。"
Lǐ zǒng de bùxià gègè néng wén néng wǔ, guǒrán shì "qíng jiàng shǒu xià wú ruò bīng."

李社長の部下は皆文武両道に優れていて，やはり強将の下に弱卒なしですね。

注　"能文能武"を"精明强干"（頭もよいし仕事もできる）に変えてもいい。
　　"强将手下无弱兵"（強将の下に弱卒なし）

5. 能者多劳　néng zhě duō láo

有能な人ほどよく働く

俗话说**"能者多劳"**。这次就让您受累了。
Súhuà shuō "néng zhě duō láo". Zhè cì jiù ràng nín shòulèi le.

よく言われるように，有能な人ほどよく働きます。この度はあなたにご苦労をかけます。

6. 入木三分　rù mù sān fēn

議論が深い

孙部长的分析真是**入木三分**啊。
Sūn bùzhǎng de fēnxī zhēnshi rù mù sān fēn a.

孫部長の分析は本当に鋭いです。

注　"入木三分"は晋の王羲之が板に書いた字の墨が板に深く染み込んだという故事から。"孙部长的书法真是入木三分啊。"(孫部長の書道は本当に筆力雄勁です。)"のような例が元来の使い方であるが，現在では議論の深さや観察の鋭さをたとえることが多い。

7. 板上钉钉　bǎn shàng dìng dīng

事がすでに決まっていてもう変更できない

有了您这句话，我们的项目就**板上钉钉**了。
Yǒule nín zhè jù huà, wǒmen de xiàngmù jiù bǎn shàng dìng dīng le.

このお言葉がいただければ，我々のプロジェクトはこれで決まりです。

練習3：空欄を埋めるのに最も適当な成語を，A、B、C、Dから選びなさい。

王厂长说话＿＿＿＿＿＿＿，外商都非常敬佩他。

　　A．一诺千金　B．一掷千金　C．一刻千金　D．一笑千金

4. 激励する。相手のやる気を引き出すための表現

1. 持之以恒 chí zhī yǐ héng

根気よく続ける

坚持就是力量。希望大家**持之以恒**，继续努力。
Jiānchí jiùshì lìliàng. Xīwàng dàjiā chí zhī yǐ héng, jìxù nǔlì.

継続は力なり。皆様には根気よく，努力を続けていただきたいです。

類 "滴水穿石 dī shuǐ chuān shí"（雨垂れ石を穿つ）"水滴石穿"とも。
"绳锯木断 shéng jù mù duàn"（縄の鋸でも木を断つことができる）

2. 畅所欲言 chàng suǒ yù yán

言いたいことを思う存分言う

今天想征求大家的意见，希望诸位能**畅所欲言**。
Jīntiān xiǎng zhēngqiú dàjiā de yìjian, xīwàng zhūwèi néng chàng suǒ yù yán.

今日は皆様のご意見を伺いたいので，全員が言いたいことを思う存分言って欲しい。

類 "各抒己见 gè shū jǐ jiàn"（おのおの自分の意見を述べる）

3. 失败为成功之母 shībài wéi chénggōng zhī mǔ

失败は成功の母である

失败为成功之母。只要不断改进，我们的项目一定能成功。

失败は成功の母である。絶えず改善しさえすれば

Shībài wéi chénggōng zhī mǔ. Zhǐyào búduàn gǎijìn, wǒmen de xiàngmù yídìng néng chénggōng.

我々のプロジェクトは必ず成功できる。

注 勝敗に関する表現として"胜不骄，败不馁 shèng bù jiāo, bài bù něi"（勝ってもおごり高ぶらない，負けても臆病にならない）が，よく知られる。

4. 趁热打铁　chèn rè dǎ tiě

鉄は熱いうちに打て

咱们的技术开发已经取得了初步成果，请大家**趁热打铁**，更上一层楼。
Zánmen de jìshù kāifā yǐjīng qǔdéle chūbù chéngguǒ, qǐng dàjiā chèn rè dǎ tiě, gèng shàng yì céng lóu.

我々の技術開発はすでに初歩的な成果を上げておりますが，皆さんにはこの好機を捉えて，より高いレベルを目指していただきたい。

類 "快马加鞭 kuài mǎ jiā biān"（早馬に鞭を当てる）

5. 精益求精　jīng yì qiú jīng

精なる上にますます精を求める

虽然公司的产品质量在不断提高，但是，希望大家不要满足现状，而要**精益求精**。
Suīrán gōngsī de chǎnpǐn zhìliàng zài búduàn tígāo, dànshì, xīwàng dàjiā búyào mǎnzú xiànzhuàng, ér yào jīng yì qiú jīng.

当社の製品の品質は絶えず向上しておりますが，しかし，従業員の皆様には現状に満足せずに，品質をもっと向上させてほしい。

注 "精益求精"を"锦上添花 jǐn shàng tiān huā"（錦上に花を添える）に改めてもよい。

6. 以身作则　yǐ shēn zuò zé

自ら手本を示す

各位班组长**以身作则**、言传身教，带动部下努力工作，这是难能可贵的。
Gèwèi bānzǔzhǎng yǐ shēn zuò zé, yán chuán shēn jiāo, dàidòng bùxià nǔlì gōngzuò, zhè shì nán néng kě guì de.

班長の皆様が自ら手本を示し，その言動で，部下が仕事に精を出すよう教育し，リードする，これは実に大したものです。

注　"言传身教"（身をもって手本を示す）を比較の形で"身教重于言传 shēn jiāo zhòngyú yán chuán"（お説教より手本を示すほうが勝っている）ということがよくある。"难能可贵"（大したものである）

7. 千里之行，始于足下　qiān lǐ zhī xíng, shǐ yú zú xià

千里の道も一歩から

千里之行，始于足下。希望大家从小事做起，从自己做起，开展节能运动。
Qiān lǐ zhī xíng, shǐ yú zú xià. Xīwàng dàjiā cóng xiǎo shì zuòqǐ, cóng zìjǐ zuòqǐ, kāizhǎn jiénéng yùndòng.

千里の道も一歩から。皆様には小さいことから，自発的に省エネ運動を展開していただきたいです。

注　小さい問題にも気をつけるべきという意味の"千里之堤，溃于蚁穴 qiān lǐ zhī dī, kuì yú yǐ xué"（千里の堤もアリの穴から崩れる）も多用される。

練習４：空欄を埋めるのに最も適当な成語を，Ａ、Ｂ、Ｃ、Ｄから選びなさい。

车间主任每天都＿＿＿＿＿＿，带动大家打扫卫生。

　　Ａ．以身试法　Ｂ．习以为常　Ｃ．自以为是　Ｄ．以身作则

5. 交渉：相手の譲歩を引き出すためのひとこと

1. 当务之急 dāng wù zhī jí

当面の急務

日本的消费者对质量要求特别严，所以，**当务之急**是必须搞好质量管理。
Rìběn de xiāofèizhě duì zhìliàng yāoqiú tèbié yán, suǒyǐ, dāng wù zhī jí shì bìxū gǎohǎo zhìliàng guǎnlǐ.

日本の消費者は品質にはとても厳しい。したがって，品質管理を向上させるのが当面の急務です。

類 "燃眉之急 rán méi zhī jí"（焦眉の急）
"迫在眉睫 pò zài méi jié"（事態が目の前に迫っている）

2. 人无远虑，必有近忧 rén wú yuǎn lǜ, bì yǒu jìn yōu

遠い将来の事を考えないと，目の前に必ず思いがけない憂いが生じる

人无远虑，必有近忧，所以，请贵公司无论如何要从长计议。
Rén wú yuǎn lǜ, bì yǒu jìn yōu, suǒyǐ, qǐng guìgōngsī wúlùn rúhé yào cóng cháng jì yì.

遠い将来の事を考えないと，目の前に必ず思いがけない憂いが生じる。だから，貴社には是非ともじっくり検討していただきたい。

注 "从长计议"（じっくりと相談する）を "高瞻远瞩 gāo zhān yuǎn zhǔ"（大所要所からものを見る）に改めてもよい。

3. 当局者迷，旁观者清　dāng jú zhě mí, pángguān zhě qīng

傍目八目

俗话说，**当局者迷，旁观者清**，希望贵方能听取我们的建议。
Súhuà shuō, dāng jú zhě mí, pángguān zhě qīng, xīwàng guìfāng néng tīng qǔ wǒmen de jiànyì.

「傍目八目」ってよく言われますね。どうか我々の提案をお聞きいれください。

4. 机不可失，时不再来　jī bù kě shī, shí bú zài lái

好機を逃してはならない，逃したら二度とやってこない

机不可失，时不再来。我们彼此都不应该坐失良机。
Jī bù kě shī, shí bú zài lái. Wǒmen bǐcǐ dōu bù yīnggāi zuò shī liáng jī.

過ぎ去った時間は二度と戻ってこない。我々はみすみすよい機会を逸してはならない。

類　"时不我待 shí bù wǒ dài"（時はわれを待たず）
　　"坐失良机"（みすみす好機を逃す）

5. 逆水行舟，不进则退　nì shuǐ xíng zhōu, bú jìn zé tuì

流れに逆らって船を進める時は，進まなければ押し流される

逆水行舟，不进则退。我们一定要坚持下去，否则将前功尽弃。
Nì shuǐ xíng zhōu, bú jìn zé tuì. Wǒmen yídìng yào jiānchíxiàqù, fǒuzé jiāng qián gōng jìn qì.

流れに逆らって船を進める時は，進まなければ押し流される。我々がもし継続してやりぬかなければ，すべて水の泡だ。

注　"前功尽弃"（これまでの努力がむだになる）を意味の近い"半途而废 bàn tú ér fèi"（中途でやめる）に言い換えてもよい。

6. 求同存异　qiú tóng cún yì

小異を残して大同に就く

有些问题彼此的意见不一致，这是很自然的事，我们可以**求同存异**。
Yǒuxiē wèntí bǐcǐ de yìjian bù yízhì, zhè shì hěn zìrán de shì, wǒmen kěyǐ qiú tóng cún yì.

一部の問題についての意見の不一致は当然のことです。我々は小異を残して大同に就けばいい。

注 "求大同，存小异"とも。

7. 迫不得已　pò bù dé yǐ

やむを得ず

情况在不断变化，我方也是**迫不得已**才这样做的。
Qíngkuàng zài búduàn biànhuà, wǒfāng yě shì pò bù dé yǐ cái zhèyàng zuò de.

状況は絶えず変化し，当方もやむを得ずこう致しました。

類 "不得已而为之 bù dé yǐ ér wéi zhī" "为"は[動詞]「なす，する」

練習5：空欄を埋めるのに最も適当な成語を，A、B、C、Dから選びなさい。

制定生产计划时一定要＿＿＿＿＿＿。

　　A. 从长计议　B. 来日方长　C. 日久天长　D. 三长两短

6. 忠告する

1. 成人之美 chéng rén zhī měi

人を助けてよい事を成し遂げさせる

君子**成人之美**。这次希望贵方无论如何要按期交货，成全我们。
Jūnzi **chéng rén zhī měi**. Zhè cì xīwàng guìfāng wúlùn rúhé yào ànqī jiāo huò, chéngquán wǒmen.

君子は人を助けてよい事を成し遂げさせる。この度は，何としても期日通りの納品をお願いして，我々を助けていただきたい。

2. 己所不欲，勿施于人 jǐ suǒ bú yù, wù shī yú rén

己の欲せざる所は人に施す勿れ

己所不欲，勿施于人。贵方都不想做的事情，就不要勉强我们了。
Jǐ suǒ bú yù, wù shī yú rén. Guìfāng dōu bù xiǎng zuòde shìqing, jiù búyào miǎnqiǎng wǒmen le.

己の欲せざる所は人に施す勿れ。貴社さえもやりたくないことを，我々に強要しないでほしい。

3. 换汤不换药 huàn tāng bú huàn yào

包装を変えるだけで、中身を変えない

如果只是换换包装，**换汤不换药**的话，是很难打进日本市场的。
Rúguǒ zhǐshì huànhuan bāozhuāng, **huàn tāng bú huàn yào** dehuà, shì hěn nán dǎjìn Rìběn shìchǎng de.

もし，包装を変えるだけで，中身を変えなければ，日本市場への進出は極めて難しい。

反 "旧瓶装新酒 jiù píng zhuāng xīn jiǔ"（伝統的な形式に新しい内容を盛る）

4. 和气生财　hé qì shēng cái

穏やかな態度が富を増やす

和气生财嘛。大家都小点儿声，有事慢慢儿商量。
Hé qì shēng cái ma. Dàjiā dōu xiǎodiǎnr shēng, yǒu shì mànmānr shāngliang.

穏やかな態度が富を増やす。皆さん、大声を出さずに、ゆっくり相談しましょう。

注　人の和の大切さを強調したい時は、"和气生财"を"地利不如人和 dìlì bùrú rénhé"（地の利は人の和にしかず）に変えてもいい。

5. 兼听则明，偏信则暗　jiān tīng zé míng, piān xìn zé àn

双方の意見を聞けば正しい判断が下せるが、一方の意見を聞くだけでは判断が下せない

不是说**兼听则明，偏信则暗**吗？希望王科长也听听我们的建议。
Bú shì shuō jiān tīng zé míng, piān xìn zé àn ma? Xīwàng Wáng kēzhǎng yě tīngting wǒmen de jiànyì.

双方の意見を聞けば正しい判断が下せるが、一方の意見を聞くだけでは正しい判断が下せない。どうか、我々の提案も聞いていただきたい。

類　"偏听偏信 piān tīng piān xìn"（一方の言い分だけを聞いて信じる）

6. 理所当然　lǐ suǒ dāng rán

理の当然である

做为公司追求利益是**理所当然**的，但是，不应该见利忘义。
Zuòwéi gōngsī zhuīqiú lìyì shì lǐ suǒ dāng rán de, dànshì, bù yīnggāi jiàn lì wàng yì.

会社として利益を追求するのは，当然のことです。しかし，利益に目がくらんで正義を忘れてはいけません。

類　"天经地义 tiān jīng dì yì"（至極当たり前のこと。）
反　"岂有此理 qǐ yǒu cǐ lǐ"（そんな道理があるものか）
注　"见利忘义"（利益に目がくらんで，正義を忘れる）

7. 言必信，行必果　yán bì xìn, xíng bì guǒ

言った以上は必ず実行し，行う以上は断固としてやる

我知道总经理一直是**言必信，行必果**。希望贵方一定要履行合同。
Wǒ zhīdao zǒngjīnglǐ yìzhí shì yán bì xìn, xíng bì guǒ. Xīwàng guìfāng yídìng yào lǚxíng hétong.

社長は言った以上は必ず実行し，行う以上は断固としてやる方と存知ます。是非とも契約を履行していただけるよう願っています。

反　"**轻诺寡信** qīng nuò guǎ xìn"（安請け合いをして約束を守らない）

練習6：空欄を埋めるのに最も適当な成語を，A、B、C、Dから選びなさい。

对方违约我们索赔，这是＿＿＿＿＿的事情。

　　　　A. 无理取闹　B. 慢条斯理　C. 至理名言　D. 理所当然

7. 感謝する：感謝の気持ちを相手に伝える

1. 无微不至　wú wēi bú zhì

至れり尽くせり

首先对贵方**无微不至**的照顾，表示衷心地感谢！
Shǒuxiān duì guìfāng wú wēi bú zhì de zhàogù, biǎoshì zhōngxīn de gǎnxiè.

まず，あなた方の至れり尽くせりのおもてなしに，衷心よりお礼を申し上げます。

類 "体贴入微 tǐ tiē rù wēi"（かゆいところに手が届く）

2. 吃水不忘挖井人　chī shuǐ bú wàng wā jǐng rén

水を飲むとき，井戸を掘った人を忘れない

吃水不忘挖井人。请允许我向对我公司给予鼎力协作的王总再次表示衷心地感谢！
Chī shuǐ bú wàng wā jǐng rén. Qǐng yǔnxǔ wǒ xiàng duì wǒ gōngsī jǐyǔ dǐnglì xiézuò de Wáng zǒng zàicì biǎoshì zhōngxīn de gǎnxiè!

水を飲むとき，井戸を掘った人を忘れない。弊社に多大なご援助をしてくださった王社長に改めてお礼を申し上げます。

類 "饮水思源 yǐn shuǐ sī yuán"（水を飲むとき，その水源を思う）

3. 千里鹅毛　qiān lǐ é máo

ほんのわずかなもの

千里鹅毛，请一定笑纳。
Qiān lǐ é máo, qǐng yídìng xiàonà.

ほんのわずかなものですが、どうかご笑納ください。

注　口語では"千里送鹅毛，礼轻情意重 qiān lǐ sòng é máo, lǐ qīng qíngyì zhòng"（千里の遠くから送るガチョウの羽根、贈り物はわずかでも志は厚い）も多用される。

4. 问寒问暖　wèn hán wèn nuǎn

気づかいをする

李主任每次都是**问寒问暖**的，真让人过意不去。
Lǐ zhǔrèn měicì dōu shì wèn hán wèn nuǎn de, zhēn ràng rén guòyìbúqù.

李主任はいつも気づかいをしてくださって、まことに恐縮です。

類　"问长问短 wèn cháng wèn duǎn"（あれこれと尋ねる）

5. 设身处地　shè shēn chǔ dì

他人の身になって考える

王经理总是**设身处**地为我们着想，真让人感恩不尽。
Wáng jīnglǐ zǒng shì shè shēn chǔ dì de wèi wǒmen zhuóxiǎng, zhēn ràng rén gǎn ēn bú jìn.

王社長はいつも他人の身になって考えてくださって、ご恩は決して忘れません。

6. 汗马功劳 hàn mǎ gōng láo

仕事などでの功績

诸位为公司开拓市场，立下了**汗马功劳**，今天我敬大家一杯。
Zhūwèi wèi gōngsī kāituò shìchǎng, lìxiàle hàn mǎ gōng láo, jīntiān wǒ jìng dàjiā yì bēi.

皆さんは会社の市場開拓に戦功を立てたので，今日は私にお酒を一杯注がせてください。

注 "立下了汗马功劳"を"劳苦功高 láo kǔ gōng gāo"（苦労を積み功績をあげる）に言い換えてもよい。

7. 知恩必报 zhī ēn bì bào

必ず恩に報いる

知恩必报。下次你去日本时，我一定请客。
Zhī ēn bì bào. Xiàcì nǐ qù Rìběn shí, wǒ yídìng qǐng kè.

必ず恩に報いる。今度、日本に来られたら，私がご馳走いたしましょう。

類 "知恩不报非君子 zhī ēn bú bào fēi jūnzi"（恩知らずは君子にあらず）も多用されます。

練習7：空欄を埋めるのに最も適当な成語を，A、B、C、Dから選びなさい。

俗话说＿＿＿＿＿＿＿＿，您就别推辞了。

A. 万水千山　B. 千丝万缕　C. 千里鹅毛　D. 各有千秋

8. お詫び

1. 不辞而别 bù cí ér bié

黙って立ち去る

上次**不辞而别**，实在抱歉，请多多海涵。
Shàng cì bù cí ér bié, shízài bàoqiàn, qǐng duōduō hǎihán.

前回は黙って立ち去り、本当にすみませんでした、どうかご海容のほど。

類 "不告而别 bú gào ér bié"（黙って帰ってしまう）

2. 粗心大意 cū xīn dà yì

そそっかしくて不注意である

由于我**粗心大意**，给您添了麻烦，在此深表歉意。
Yóuyú wǒ cū xīn dà yì, gěi nín tiānle máfan, zài cǐ shēn biǎo qiànyì.

私の不注意で、ご迷惑をお掛けして、深くお詫び申し上げます。

類 "粗枝大叶 cū zhī dà yè"（いい加減である）

3. 高抬贵手 gāo tái guì shǒu

大目に見る

对方已经赔礼道歉了，希望贵方能**高抬贵手**。
Duìfāng yǐjīng péi lǐ dào qiàn le, xīwàng guìfāng néng gāo tái guì shǒu.

相手はすでにお詫びをしましたので、どうか大目に見てください。

口語では、"高高手"（大目に見てください）や俗語の"睁一只眼，闭一只眼 zhēng yì zhī yǎn, bì yì zhī yǎn"（大目に見る。見て見ぬふりをする）がよく使われる。

4. 宽宏大量　kuān hóng dà liàng

太っ腹である

王总**宽宏大量**、既往不咎，真令人敬佩。
Wáng zǒng kuān hóng dà liàng、jì wǎng bù jiù, zhēn lìng rén jìngpèi.

王社長は太っ腹で、過去の誤りをとがめだてしないで、本当に敬服する限りです。

注 "宽宏大量"を"宰相肚里能撑船 zǎixiàng dùli néng chēng chuán"（大人物は度量が大きい）ということわざに言い換えてもよい。
"既往不咎"（過去の過ちをとがめない。水に流す）

5. 无地自容　wú dì zì róng

穴があったら入りたい

昨天酒后失态，我现在惭愧得**无地自容**。
Zuótiān jiǔ hòu shītài, wǒ xiànzài cánkuì de wú dì zì róng.

昨日の酒席での失態、今、恥ずかしくて穴があったら入りたいほどです。

類 "汗颜无地 hàn yán wú dì"（穴があったら入りたいほどに恥じ入る）。また、"无地自容"には「行き詰まった立場に置かれた」という意味もあることを覚えておこう。

6. 下不为例　xià bù wéi lì

今回に限り特例である

下不为例，这次请多多包涵。
Xià bù wéi lì, zhè cì qǐng duōduō bāohán.

今回に限り，どうかお許しください。

⚠ これに対し「何度も約束を破って，許しがたい」と言いたいときは "你们再三再四失约，令人无法原谅。Nǐmen zài sān zài sì shī yuē, lìng rén wú fǎ yuánliàng."とするとよい。

7. 丢三落四　diū sān là sì

よく物忘れをする

老李年纪大了，有时**丢三落四**的，请您谅解。
Lǎo Lǐ niánjì dà le, yǒushí diū sān là sì de, qǐng nín liàngjiě.

李さんは高齢だから，時には物忘れをします，どうかご理解のほどを。

⚠ 仕事を最後まできちんとやれなかった場合は "他做什么都是虎头蛇尾。Tā zuò shénme dōu shì hǔ tóu shé wěi."（彼は何をやっても竜頭蛇尾だ）のような文にするとよい。

練習8：空欄を埋めるのに最も適当な成語を，A、B、C、Dから選びなさい。

我不能喝酒，你就＿＿＿＿＿＿吧。

　　A. 一手遮天　B. 高台贵手　C. 白手起家　D. 大手大脚

9. 強くアピールするときに有効なひとこと

1. 事半功倍　shì bàn gōng bèi

半分の労力で倍以上の成績を上げる

贵方如果使用敝厂的设备的话，一定能取得**事半功倍**的效果。
Guìfāng rúguǒ shǐyòng bìchǎng de shèbèi dehuà, yídìng néng qǔdé shì bàn gōng bèi de xiàoguǒ.

弊社の設備をご利用いただけたら，必ずや半分の労力で倍以上の結果を得られます。

反　"事倍功半 shì bèi gōng bàn"（倍の労力をかけて半分の成果しか上がらない）

2. 就地取材　jiù dì qǔ cái

現地で材料を調達する

我们可以**就地取材**，能够最大限度地发挥贵省的资源优势。
Wǒmen kěyǐ jiù dì qǔ cái, nénggòu zuì dà xiàndù de fāhuī guì shěng de zīyuán yōushì.

我々は材料を現地で調達できますので，貴省の資源的優位性を最大限に発揮することができます。

類　"因地治宜 yīn dì zhì yí"（その土地の事情に適した措置をとる）

3. 独一无二 dú yī wú èr

唯一無二である

这项技术在同行业中是**独一无二**的，而且，我们已经取得了专利。
Zhè xiàng jìshù zài tóng hángyè zhōng shì dú yī wú èr de, érqiě, wǒmen yǐjīng qǔdéle zhuānlì.

この技術は業界では唯一無二のもので，しかも，我々はすでに特許を取得しています。

類 "举世无双 jǔ shì wú shuāng"（世に並ぶものなし）
反 "无独有偶 wú dú yǒu ǒu"（同じことがほかにもある）

4. 工欲善其事，必先利其器 gōng yù shàn qí shì, bì xiān lì qí qì

匠は仕事をうまくやり遂げるため、必ず工具をきちんと整える

工欲善其事，必先利其器，所以，希望贵方能够使用我们的设备。
Gōng yù shàn qí shì, bì xiān lì qí qì, suǒyǐ, xīwàng guìfāng nénggòu shǐyòng wǒmen de shèbèi.

匠は仕事をうまくやり遂げるため，必ず工具をきちんと整えるものである，それゆえ，是非とも弊社の設備を使っていただきたい。

5. 首屈一指 shǒu qū yì zhǐ

ナンバーワン

敝公司的销售量在同行业中一直是**首屈一指**的。
Bǐ gōngsī de xiāoshòuliàng zài tóng hángyè zhōng yìzhí shì shǒu qū yì zhǐ de.

弊社の販売量は業界ではずっと一位です。

類 "数一数二 shǔ yī shǔ èr"（1、2に数えられる）

6. 独具匠心　dú jù jiàng xīn

独創性がある

该节能技术**独具匠心**，日本的很多厂家都在使用。
Gāi jié néng jìshù dú jù jiàng xīn, Rìběn de hěn duō chǎngjiā dōu zài shǐyòng.

この省エネ技術は独創性があり，日本の多くのメーカーが応用しています。

反 "步人后尘 bù rén hòu chén"（人に追従する）

7. 得天独厚　dé tiān dú hòu

環境や条件にとりわけ恵まれている

敝公司的技术再加上贵方**得天独厚**的条件，我们的项目一定会成功的。
Bǐ gōngsī de jìshù zài jiāshàng guìfāng dé tiān dú hòu de tiáojiàn, wǒmen de xiàngmù yídìng huì chénggōng de.

弊社の技術に貴方の恵まれた条件を加えたら，我々のプロジェクトは必ず成功します。

反 "先天不足 xiān tiān bù zú"（物事の基礎が劣っている）

練習9：空欄を埋めるのに最も適当な成語を，A、B、C、Dから選びなさい。

在中国海尔是一家＿＿＿＿＿＿的家用电器企业。

A. 群龙无首　B. 不堪回首　C. 首当其冲　D. 首屈一指

10. 主張する，意見を述べる

1. 対症下药　duì zhèng xià yào

病状に合わせて薬を出す

在这个问题上我们必须**对症下药**。
Zài zhège wèntí shàng wǒmen bìxū duì zhèng xià yào.

この問題について，我々は状況に応じて手を打たなければなりません。

類　"看菜吃饭，量体裁衣 kàn cài chī fàn, liàng tǐ cái yī"（料理を見てご飯を食べる，体に合わせて服を作る）転じて「具体的な状況に合わせてことを運ぶ」ということ。

2. 推陈出新　tuī chén chū xīn

新機軸を打ち出す

现在市场竞争非常激烈，我们必须不断地**推陈出新**。
Xiànzài shìchǎng jìngzhēng fēicháng jīliè, wǒmen bìxū búduàn de tuī chén chū xīn.

现在市场競争は非常に激しい，我々は絶えず新機軸を打ち出さなければなりません。

類　"破旧立新 pò jiù lì xīn"（古きを捨てて新しきを立てる）
反　"因循守旧 yīn xún shǒu jiù"（因襲にとらわれ保守的である）

3. 有言在先　yǒu yán zài xiān

あらかじめ言っておく

关于违约赔偿我们可是**有言在先**的。
Guānyú wéi yuē péicháng wǒmen kěshì yǒu yán zài xiān de.

違約の賠償に関して, 我々は先に言明していたはずです。

類 "丑话说在前头 chǒu huà shuō zài qiántou"（気まずくなることのないように前もって言っておく）

4. 从长计议　cóng cháng jì yì

じっくりと相談する

做生意要**从长计议**，千万不能杀鸡取卵。
Zuò shēngyì yào cóng cháng jì yì, qiānwàn bùnéng shā jī qǔ luǎn.

商売をやるには将来を考えなければなりません，絶対鶏を殺して卵を取るようなことをしてはならない。

類 "放长线钓大鱼 fàng cháng xiàn diào dà yú"（長い糸をつけて大魚を釣る）

注 "杀鸡取卵"（ニワトリを殺して中の卵を取る）類義の成語に"竭泽而渔 jié zé ér yú"（池を干して魚を取る）がある。

5. 直言不讳 zhí yán bú huì

直言してはばからない

恕我**直言不讳**，如果贵方不按时交货的话，我们不得不考虑索赔。
Shù wǒ zhí yán bú huì, rúguǒ guìfāng bú ànshí jiāo huò dehuà, wǒmen bùdebù kǎolǜ suǒpéi.

遠慮なく申し上げますが，もし御社が期日通りに納品しなければ，我々は賠償請求を考えざるを得ません。

類　"开门见山 kāi mén jiàn shān"（端的にものを言う）
　　"单刀直入 dān dāo zhí rù"（単刀直入）
反　"拐弯抹角 guǎi wān mò jiǎo"（回りくどい）

6. 一纸空文 yì zhǐ kōng wén

反故，空手形

如果不履约的话，那么合同就成了**一纸空文**。
Rúguǒ bù lǚ yuē dehuà, nàme hétong jiù chéngle yì zhǐ kōng wén.

もし約束を果たさなければ，契約書は一枚の紙切れになってしまいます。

注　口先だけで行動しない人に対しては，"纸上谈兵 zhǐ shàng tán bīng"（机上の空論）を使うとよい。

練習10：空欄を埋めるのに最も適当な成語を，A、B、C、Dから選びなさい。

咱们 _____ ，谁出次品就罚谁。

A. 三言两语　B. 有口难言　C. 有言在先　D. 不言而喻

11. 接待——もてなしの場で

1. 开怀畅饮　kāi huái chàng yǐn

思う存分に飲む

明天是星期天，今晚希望诸位一定要**开怀畅饮**。
Míngtiān shì xīngqītiān, jīnwǎn xīwàng zhūwèi yídìng yào kāi huái chàng yǐn.

明日は日曜日なので，今晩皆様には思う存分に飲んでいただきたいです。

2. 酒逢知己千杯少　jiǔ féng zhī jǐ qiān bēi shǎo

酒は知己に会って千杯飲んでも少ない

俗话说"**酒逢知己千杯少**"，来再干一杯。
Súhuà shuō "jiǔ féng zhī jǐ qiān bēi shǎo", lái zài gān yì bēi.

俗に「酒は知己に会って千杯飲んでも少ない」というでしょう，どうぞもう一杯を。

注　"酒逢知己千盅少 jiǔ féng zhī jǐ qiān zhōng shǎo" とも。

3. 甘拜下风　gān bài xià fēng

心服して負けを認める

王经理是海量，我**甘拜下风**。
Wáng jīnglǐ shì hǎiliàng, wǒ gān bài xià fēng.

王社長は酒豪ですので，私は降参します。

注　自分のことを謙遜して"班门弄斧 bān mén nòng fǔ"（身のほどを知らない）という場合も多々ある。

4. 醉翁之意不在酒　zuì wēng zhī yì bú zài jiǔ

　　醉翁の意は酒にあらず。真のねらいは別のところにある

老孙的话是**醉翁之意不在酒**啊。
Lǎo Sūn de huà shì zuì wēng zhī yì bú zài jiǔ a.

孫さんの話の真のねらいは別のところにある。

注　酒色に酔う原因は自身にあるという意味の俗語"酒不醉人人自醉，色不迷人人自迷 jiǔ bú zuì rén rén zì zuì, sè bù mí rén rén zì mí"もよく使われる。宴会の時は，上の句のみ使うとよい。

5. 文武之道，一张一弛　wén wǔ zhī dào, yì zhāng yì chí

　　文王と武王の治国の方法は、一方は厳しいが、一方は緩い

文武之道，一张一弛。今天李厂长准备了点薄酒，请各位放松放松。
Wén wǔ zhī dào, yì zhāng yì chí. Jīntiān Lǐ chǎngzhǎng zhǔnbèile diǎn bójiǔ, qǐng gèwèi fàngsōng fàngsōng.

文王と武王の治国の方法は，一方は厳しいが，一方は緩い。今日は李工場長が粗酒を用意しましたので，皆様にはどうぞごゆっくりと。

類　"劳逸结合 láo yì jié hé"（労働と休息をうまく結び付ける）もよく使われる。

6. 手下留情　shǒu xià liú qíng

　お手柔らかに

我已经喝多了，请您**手下留情**。
Wǒ yǐjīng hēduō le, qǐng nín shǒu xià liú qíng.

私はすでに飲みすぎました，どうかお手柔らかに。

類　"高抬贵手 gāo tái guì shǒu"（大目に見てください）

練習 11：空欄を埋めるのに最も適当な成語を，A、B、C、D から選びなさい。

　　今晚为各位接风洗尘，大家要 ＿＿＿＿＿＿。

　　　　A．开怀畅饮　B．眉开眼笑　C．信口开河　D．异想天开

12. 別れ――再会を期して

1. 光阴似箭　guāngyīn sì jiàn

光陰矢の如し

真是**光阴似箭**啊。转眼之间，四年过去了。
Zhēnshi guāngyīn sì jiàn a. Zhuǎnyǎn zhī jiān, sì nián guòqù le.

本当に光陰矢の如し。あっという間に，4年が経ちました。

類　"日月如梭 rì yuè rú suō"（歳月があわただしく流れていくたとえ）
反　"一日三秋 yí rì sān qiū"（一日千秋）
　　"度日如年 dù rì rú nián"（1日が1年のように長くてつらいこと）

2. 悲欢离合　bēi huān lí hé

人に悲喜・離合がある

月有阴晴圆缺，人有**悲欢离合**。
Yuè yǒu yīn qíng yuán quē, rén yǒu bēi huān lí hé.

月には曇晴・満ち欠けがあり，人には悲喜・離合があります。

類　"酸甜苦辣 suān tián kǔ là"（幸せ・苦しみなど人生の色々な経験）
　　"喜怒哀乐 xǐ nù āi lè"（喜怒哀楽）

3. 一帆风顺　yì fān fēng shùn

順風満帆である

祝你一**帆风顺**！
Zhù nǐ yì fān fēng shùn!

順風満帆でありますようにお祈りいたします。

類　"一路平安 yí lù píng'ān"（道中ご無事で）

4. 地久天长　dì jiǔ tiān cháng

とこしえに変わらない

愿我们的友谊**地久天长**。
Yuàn wǒmen de yǒuyì dì jiǔ tiān cháng.

我々の友情がいつまでも変わらぬように願っております。

注　"天长地久 tiān cháng dì jiǔ" とも。

類　"天长日久 tiān cháng rì jiǔ"（長い時間が経つ）。"地久天长" はとこしえに変わらないことの例えだが，"天长日久" は時間の長いことに重点が置かれている。

5. 来日方长　lái rì fāng cháng

これからまだ先が長い

来日方长，我们一定会有机会见面的。
Lái rì fāng cháng, wǒmen yídìng huì yǒu jīhuì jiàn miàn de.

これからまだ先が長いので，我々にはきっと再会の機会があります。

注　"来日方长" は "后会有期 hòu huì yǒu qī"（再会の時がまたある）と共に多く "来日方长，后会有期" の形で使われる。

6. 送君千里，终有一别　sòng jūn qiān lǐ, zhōng yǒu yì bié

君を千里見送っても，必ず別れが来る

送君千里，终有一别。我们就在此分手吧。
Sòng jūn qiān lǐ, zhōng yǒu yì bié. Wǒmen jiù zài cǐ fēn shǒu ba.

君を千里見送っても，必ず別れが来ます。この辺で別れましょう。

7. 各奔前程　gè bèn qián chéng

それぞれ自分の道を行く

他俩性格不合，只好**各奔前程**。
Tā liǎ xìnggé bù hé, zhǐhǎo gè bèn qián chéng le.

彼等は性格が合わないのだから，別れるより仕方がありません。

類　"分道扬镳 fēn dào yáng biāo"（それぞれ異なった道を歩む）

練習12：空欄を埋めるのに最も適当な成語を，A、B、C、Dから選びなさい。

　　一转眼大学毕业已经二十多年了，真是＿＿＿＿＿＿啊。

　　　A. 归心似箭　B. 光阴似箭　C. 一箭双雕　D. 箭不虚发

練習問題の解答

練習 1．正解 B．一见如故 yí jiàn rú gù　初対面で意気投合し親友のようである。

我是第一次来杭州，但是却有一种一见如故的感觉。
（私は初めて杭州に来たが，しかし懐かしい気がする。）

开门见山 kāi mén jiàn shān　単刀直入にものを言う。
一见倾心 yí jiàn qīng xīn　一目ぼれ。
一见钟情 yí jiàn zhōng qíng　一目ぼれ。

練習 2．正解 C．举世闻名 jǔ shì wén míng　世界的に有名である。
在西安我看过举世闻名的兵马俑。
（西安で私は世界的に有名な兵馬俑を見たことがある。）

名正言顺 míng zhèng yán shùn　名分も言葉も正当である。
有名无实 yǒu míng wú shí　有名無実である。
一举成名 yì jǔ chéng míng　いっぺんに有名になる。

練習 3．正解 A．一诺千金 yí nuò qiān jīn　ひとたびうなずけば千金の重みを持つ。約束は必ず守り信用がおける。
王厂长说话一诺千金，外商都非常敬佩他。
（王工場長が言えば千金の重みがあるので，外国の商人はみな彼をとても尊敬している。）

一掷千金 yí zhì nuò qiān jīn　大金を投じて賭博をする。大金を浪費する。
一刻千金 yí kè qiān jīn　一刻あたい千金。
一笑千金 yí xiào qiān jīn　美人の笑顔が千金にも値する。

練習 4．正解 D．以身作则 yǐ shēn zuò zé　自ら手本を示す。
车间主任每天都以身作则，带动大家打扫卫生。
（職長は毎日自ら手本を示し，皆を率い動かし掃除させる。）

以身试法 yǐ shēn shì fǎ　公然と法律を犯そうとする。
习以为常 xí yǐ wéi cháng　（不慣れなことでも）繰り返しているうちにすっかり慣れっこになる。
自以为是 zì yǐ wéi shì　独りよがりである。

練習5．正解　A．从长计议 cóng cháng jì yì　じっくりと相談する。
制定生产计划时一定要**从长计议**。
(生産計画を立てる際には、必ず時間をかけて協議しなければならない。)

来日方长 lái rì fāng cháng　これからまだ先が長い。
日久天长 rì jiǔ tiān cháng　月日がたつにつれて。
三长两短 sān cháng liǎng duǎn　万一のこと。

練習6．正解　D．理所当然 lǐ suǒ dāng rán　理の当然である。
对方违约我们索赔，这是**理所当然**的事情。
(相手の違約に対して、我々が賠償してもらうことは理の当然である。)

无理取闹 wú lǐ qǔ nào　理由なく悶着を起こす。
慢条斯理 màn tiáo sī lǐ　ゆったりとして落ち着いている。
至理名言 zhì lǐ míng yán　いたってもっともな道理、優れたことば。

練習7．正解　C．千里鹅毛 qiān lǐ é máo　ほんのわずかなもの。
俗话说**千里鹅毛**，您就别推辞了。
(ほんのわずかなもので、どうぞお受け取りください。)

万水千山 wàn shuǐ qiān shān　多くの山と河、道のりが遠く険しいさま。
千丝万缕 qiān sī wàn lǚ　物事が錯綜しているさま。
各有千秋 gè yǒu qiān qiū　それぞれ長所がある。

練習8．正解　B．高台贵手 gāo tái guì shǒu　大目に見る。
我不能喝酒，你就**高台贵手**吧。
(私はお酒が飲めませんので、どうかお手柔らかに。)

一手遮天 yì shǒu zhē tiān　権勢を頼りに巧みに人々を欺く。
白手起家 bái shǒu qǐ jiā　無一物から一家をなす。
大手大脚 dà shǒu dà jiǎo　金遣いが荒い。

練習9. 正解 D. 首屈一指 shǒu qū yì zhǐ　ナンバーワン。
在中国海尔是一家**首屈一指**的家用电器企业。
(中国ではハイアールはナンバーワンの家電メーカーである。)

群龙无首 qún lóng wú shǒu　一群の人の中にリーダーがいない。
不堪回首 bù kān huí shǒu　過去を振り返るに忍びない。
首当其冲 shǒu dāng qí chōng　真っ先に攻撃の矢面に立つ。

練習10. 正解 C. 有言在先 yǒu yán zài xiān　あらかじめ言っておく。
咱们**有言在先**，谁出次品就罚谁。
(あらかじめ言っておくが，欠陥品を出した人には罰を与える。)

三言两语 sān yán liǎng yǔ　二言三言。
有口难言 yǒu kǒu nán yán　口に出して言えない（苦しい立場にある）。
不言而喻 bù yán ér yù　言わなくても明らかである。

練習11. 正解 A. 开怀畅饮 kāi huái chàng yǐn　思う存分に飲む。
今晚为各位接风洗尘，大家要**开怀畅饮**。
(今晚皆様のために歓迎会を開きます，是非思う存分に飲んでいただきたい。)

眉开眼笑 méi kāi yǎn xiào　にこにことうれしそうな顔をする。
信口开河 xìn kǒu kāi hé　口から出任せにまくしたてる。
异想天开 yì xiǎng tiān kāi　奇想天外。

練習12. 正解 B. 光阴似箭 guāng yīn sì jiàn　光陰矢の如し。
一转眼大学毕业已经二十多年了，真是**光阴似箭**啊。
(あっというまに大学を卒業してもう20数年が経った，本当に光陰矢の如し。)

归心似箭 guāng yīn sì jiàn　帰心矢のごとし。
一箭双雕 yí jiàn shuāng diāo　一石二鳥。
箭不虚发 jiàn bù xū fā　矢を無駄には放たない。

45

多音字を含む成語

中国語の常用漢字でよく使われている多音字の割合は約1割です。訓読みのある日本語ほど多くはありませんが，それでも数百字はあります。

　中国語の学習者にとってこの多音字は越えなければならない難関の一つです。なぜならば，多音字の発音を読み間違ってしまうと，別の意味に聞こえたり，場合によってはまったく通じなくなったりするからです。

　学習者が多音字をより早く身につけられるように，この章では，多音字を含む成語に焦点を当てて，最もよく使われている多音字成語をまとめてあります。多音字を単独に示してありますので，その発音に注意して，成語を覚えましょう。

　また，取り上げた成語の類義語，反対語も合わせて示しました。見出しの成語のみならず，それぞれの成語の類義語，反対語も同時に覚えればあなたの成語の表現力が格段に豊かになるに違いありません。

自暴自弃　zì bào zì qì：自暴自棄　　　　　暴　bào

即使考不上大学，也不应该**自暴自弃**。
Jíshǐ kǎobushàng dàxué, yě bù yīnggāi zì bào zì qì.

仮に大学に受からなくても、自暴自棄になってはいけない。

類　"破罐儿破摔 pò guànr pò shuāi"（捨て鉢になる）"罐儿"は"罐子 guànzi"とも。

反　"力争上游 lì zhēng shàng yóu"（努めて高いところを目指す）
　　"自强不息 zì qiáng bù xī"（自ら努め励んでやまない）

背水一战　bèi shuǐ yī zhàn：背水の陣　　　　　背　bèi

这次晋级考试，对我来说是**背水一战**。
Zhè cì jìnjí kǎoshì, duì wǒ láishuō shì bèi shuǐ yī zhàn.

今回の昇進試験は私にとって背水の陣だ。

類　"破釜沉舟 pò fǔ chén zhōu"（鍋を壊し、船を沈める。背水の陣を敷く）

反　"坐以待毙 zuò yǐ dài bì"（座して死を待つ）

东奔西跑　dōng bēn xī pǎo：東奔西走　　　　　奔　bēn

哥哥是推销员，每天都**东奔西跑**的。
Gēge shì tuīxiāoyuán, měitiān dōu dōng bēn xī pǎo de.

兄はセールスマンで、毎日東奔西走している。

注　"东奔西走 dōng bēn xī zǒu"とも。

類　"东跑西颠 dōng pǎo xī diān"（あちこち遊び回る、東奔西走する）

反　"足不出户 zú bù chū hù"（戸口を一歩も出ない）

各奔前程　gè bèn qián chéng：それぞれの道を歩む　　奔　bèn

大学一毕业，同学们就**各奔前程**了。
Dàxué yí bìyè, tóngxuémen jiù gè bèn qián chéng le.

大学を卒業すると、同級生達はそれぞれの道を歩みだした。

注　"奔 bèn"は［動詞］「…を目指して進む」。

類　"分道扬镳 fēn dào yáng biāo"（それぞれ異なった道を歩む）

反 "殊途同归 shū tú tóng guī"（道は異なるが行き着く所は同じ）

便宜行事　biàn yí xíng shì：適宜処置する　　便　biàn

关于价格，你可以**便宜行事**。
Guānyú jiàgé, nǐ kěyǐ **biàn yí xíng shì**.

価格に関しては、あなたが適宜処置してもいい。

注　「値段が安い」の意の"便宜"は"piányi"。

别具一格　bié jù yì gé：独特の風格がある　　别　bié

谢晋导演的电影**别具一格**，特别受欢迎。
Xiè Jìn dǎoyǎn de diànyǐng **bié jù yì gé**, tèbié shòu huānyíng.

謝晋監督の映画は独特の風格があり、とても人気がある。

類　"别开生面 bié kāi shēng miàn"（新生面を開く）
反　"千篇一律 qiān piān yí lǜ"（千編一律）

未卜先知　wèi bǔ xiān zhī：占わずして知る　　卜　bǔ

诸葛亮对很多事情都能够**未卜先知**。
Zhūgě Liàng duì hěn duō shìqing dōu néng gòu **wèi bǔ xiān zhī**.

諸葛亮は多くのことについて先見の明がある。

注　"卜 bǔ"は［動詞］「占う」。
類　"料事如神 liào shì rú shén"（神のように先々まで見通す）

厚今薄古　hòu jīn bó gǔ：

現代を重視して古い時代を軽視する

薄　bó

在文学研究方面，我们不应该**厚今薄古**。
Zài wénxué yánjiū fāngmiàn, wǒmen bù yīnggāi **hòu jīn bó gǔ**.

文学研究の面で、我々は現代を重視して古い時代を軽視してはならない。

注　ここでは"薄 bó"と発音するが，単用するとき，よく"báo"と発音する。
類　"厚此薄彼 hòu cǐ bó bǐ"（一方を重視し、他方を軽視する）
反　"厚古薄今 hòu gǔ bó jīn"（古代を重視して現代を軽視する）

笑里藏刀 xiào lǐ cáng dāo：
笑いの中に剣が隠されている

那家伙是个**笑里藏刀**的人，你千万别相信他。
Nà jiāhuo shì ge **xiào lǐ cáng dāo** de rén, nǐ qiānwàn bié xiāngxìn tā.

藏 cáng

あいつは真綿に針を包むような人だから，絶対に彼を信用してはいけない。

注 "藏 cáng"は［動詞］「隠す」。
類 "绵里藏针 mián lǐ cáng zhēn"（真綿に針を包む）
反 "面恶心善 miàn è xīn shàn"（顔は怖いが，心根は優しい）

曾几何时 céng jǐ hé shí：いくばくもなく

曾几何时北京发生了巨大的变化。
Céng jǐ hé shí Běijīng fāshēngle jùdà de biànhuà.

曾 céng

ほどなくして北京には大きな変化が起こった。

一差二错 yī chā èr cuò：不意の出来事

这孩子万一有个**一差二错**可怎么办？
Zhè háizi wànyī yǒu ge **yī chā èr cuò** kě zěnme bàn?

差 chā

この子に万が一もしものことがあったら，どうしよう。

類 "三长两短 sān cháng liǎng duǎn"（もしものこと）
　"山高水低 shān gāo shuǐ dī"（万一のこと）
反 "安然无恙 ān rán wú yàng"（無事である）

神差鬼使 shén chāi guǐ shǐ：
まるで物の怪に取り付かれたかのようである

谁能想到他竟然**神差鬼使**地做出这样的事情。
Shuí néng xiǎngdào tā jìngrán **shén chāi guǐ shǐ** de zuòchū zhèyàng de shìqing.

差 chāi

彼は魔がさしてこんなことをするとは思いもよらなかった。

注 "鬼使神差 guǐ shǐ shén chāi"とも。"差 chāi"は［動詞］「派遣する」。

類 "阴差阳错 yīn chā yáng cuò"（偶然に間違いが起こること）

反 "自然而然 zì rán ér rán"（自然に）

取长补短　qǔ cháng bǔ duǎn：長を取り、短を補う　　长 cháng

同学之间不应该嫉妒，而要互相学习**取长补短**。

Tóngxué zhī jiān bù yīnggāi jídù, ér yào hùxiāng xuéxí **qǔ cháng bǔ duǎn**.

同級生同士は嫉妬すべきではなく、互いに勉強しあって相手の長所を取り入れて自分の短所を補わなければならない。

注 "长 cháng"は［名詞］「長所」。

類 "扬长避短 yáng cháng bì duǎn"（長所を宣伝し、短所を避ける）

反 "师心自用 shī xīn zì yòng"（自説に固執し、独りよがりであること）

热火朝天　rè huǒ cháo tiān：熱意に溢れるさま　　朝 cháo

工地的工人们正在**热火朝天**地工作。

Gōngdì de gōngrénmen zhèngzài **rè huǒ cháo tiān** de gōngzuò.

工事現場の労働者達は熱意に溢れて働いている。

注 "朝 cháo"は［前置詞］「…に向かって」。

類 "如火如荼 rú huǒ rú tú"（盛んで熱烈なさま）

反 "死气沉沉 sǐ qì chén chén"（活気がないさま）
　 "冷冷清清 lěng lěng qīng qīng"（ひっそりしている）

称心如意　chèn xīn rú yì：思い通りになって満足する　　称 chèn

小王**称心如意**地考上了北京大学。

Xiǎo Wáng **chèn xīn rú yì** de kǎoshàngle Běijīng Dàxué.

王さんは思い通りに北京大学に受かった。

類 "心满意足 xīn mǎn yì zú"（すっかり満足する）

反 "事与愿违 shì yǔ yuàn wéi"（事の成り行きが希望と裏腹になる）
　 "大失所望 dà shī suǒ wàng"（大いに失望する）

称兄道弟 chēng xiōng dào dì：
兄弟のように仲が良い

谁能想到以前**称兄道弟**的两个人成了情敌。
Shuí néng xiǎngdào yǐqián **chēng xiōng dào dì** de liǎng ge rén chéngle qíngdí.

- 类 "情同手足 qíng tóng shǒu zú"（兄弟のように親密である）
- 反 "视同路人 shì tóng lù rén"（道傍の人のごとく見なす）
  "视同陌路 shì tóng mò lù"（赤の他人のように扱う）

称 chēng

以前は兄弟のように仲が良かった2人が恋敵となろうとは思いもよらなかった。

有机可乘 yǒu jī kě chéng：乗ずる隙がある

我们要做好保密工作，不能让竞争对手**有机可乘**。
Wǒmen yào zuòhǎo bǎomì gōngzuò, bùnéng ràng jìngzhēng duìshǒu **yǒu jī kě chéng**.

- 类 "有隙可乘 yǒu xì kě chéng"（乗ずる隙がある）
  "可乘之机 kě chéng zhī jī"（「同」）
- 反 "无隙可乘 wú xì kě chéng"（乗ずる隙がない）
  "无懈可击 wú xiè kě jī"（一分のすきもない）

乘 chéng

我々は極秘の内に仕事をやりとげ，競争相手に付け入る隙を与えてはならない。

冲口而出 chōng kǒu ér chū：口をついて出る

小张博闻强识，以前学的唐诗现在还是**冲口而出**。
Xiǎo Zhāng bó wén qiáng zhì, yǐqián xué de tángshī xiànzài háishi **chōng kǒu ér chū**.

- 类 "脱口而出 tuō kǒu ér chū"（口をついて出る）
- 反 "守口如瓶 shǒu kǒu rú píng"（口がきわめて固い）

冲 chōng

張さんは博学で，以前学んだ唐詩は今でも口をついて出る。

重蹈覆辙　chóng dǎo fù zhé：前車の轍を踏む　　重 | chóng

在这个问题上，我们一定要吸取教训，不能**重蹈覆辙**。

Zài zhège wèntí shàng, wǒmen yídìng yào xīqǔ jiàoxùn, bùnéng **chóng dǎo fù zhé**.

この問題について、我々は必ず教訓を汲み取って、同じ失敗を繰り返してはならない。

- 注　"重 chóng"は［副詞］「再び」。
- 類　"旧病复发 jiù bìng fù fā"（悪い癖が出る）
- 反　"前车之鉴 qián chē zhī jiàn"（前車の覆るは後車の戒め）
  "一改故辙 yì gǎi gù zhé"（古いしきたりを改める）
  "改弦更张 gǎi xián gēng zhāng"（琴の弦を張りかえて音調を整える）
  "改弦易辙 gǎi xián yì zhé"（態度や方法をすっかり変えるたとえ）

设身处地　shè shēn chǔ dì：他人の身になって考える　　处 | chǔ

你应该**设身处地**地为你爱人想想，不要再求全责备了。

Nǐ yīnggāi **shè shēn chǔ dì** de wèi nǐ àiren xiǎngxiang, búyào zài qiú quán zé bèi le.

あなたはご主人の身になって考えるべきで、もう完全無欠を要求しないことだ。

- 注　"处 chǔ"は［動詞］「置く」。
- 類　"将心比心 jiāng xīn bǐ xīn"（相手の身になって慮ること）
  "推己及人 tuī jǐ jí rén"（他人の身になって考える）
- 反　"强人所难 qiǎng rén suǒ nán"（人にできないことを強要する）

大处落墨　dà chù luò mò：主要なところに力を入れる　　处 | chù

写文章一定要从**大处落墨**，突出主题。

Xiě wénzhāng yídìng yào cóng **dà chù luò mò**, tūchū zhǔtí.

文章を書くときは必ず主要なところに力を入れ、主題を強調しなければならない。

- 注　"处 chù"は［名詞］「ところ」。"大处着墨 dà chù zhuó mò""大处落笔 dà chù luò bǐ"とも。
- 類　"大处着眼"（dà chù zhuó yǎn 大局に着目する）

反 "因小失大 yīn xiǎo shī dà"（小事のために大事をしくじる）
"舍本求末 shě běn qiú mò"（根本を捨てて末を求める）

名不虚传　míng bù xū chuán：名に背かない

传　chuán

老张做菜的手艺果然是**名不虚传**。
Lǎo Zhāng zuò cài de shǒuyì guǒrán shì **míng bù xū chuán**.

張さんの料理の腕前は，予想通り名にたがわない。

注 "传 chuán"は［動詞］「伝わる」。
類 "名副其实 míng fù qí shí"（名実相伴う）
"名实相副 míng shí xiāng fù"（「同」）
反 "有名无实 yǒu míng wú shí"（有名無実である）
"名存实亡 míng cún shí wáng"（名ばかりで実質がない）
"名不副实 míng bú fù shí"（名実相伴わない）

绰绰有余　chuò chuò yǒu yú：十分に余裕がある

绰　chuò

这么多菜咱们四个人吃**绰绰有余**。
Zhème duō cài zánmen sì ge rén chī **chuò chuò yǒu yú**.

こんなたくさんの料理を，我々四人で食べて十分足りますよ。

類 "绰有余裕 chuò yǒu yú yù"（十分に余裕がある）
反 "捉襟见肘 zhuō jīn jiàn zhǒu"（困難が多くてやりくりがつかないさま）
"入不敷出 rù bù fū chū"（赤字である）

参差不齐　cēn cī bù qí：まちまちである

差　cī

今年的新生水平**参差不齐**。
Jīnnián de xīnshēng shuǐpíng **cēn cī bù qí**.

今年の新入生のレベルはばらばらだ。

類 "参差错落 cēn cī cuò luò"（変化に富んでいる）
反 "整齐划一 zhěng qí huà yī"（一様に揃っている）

守株待兔 shǒu zhū dài tù：切り株の番をしてウサギを待つ　　**待** `dài`

我们不能**守株待兔**，而要想方设法地走出去。
Wǒmen bùnéng **shǒu zhū dài tù**, ér yào xiǎng fāng shè fǎ de zǒuchūqù.

> 我々は切り株の番をしてウサギを待ってはいけない。あらゆる方法を考えて出ていかなければならない。

類　"刻舟求剑 kè zhōu qiú jiàn"（剣を落として舟を刻む）
　　"胶柱鼓瑟 jiāo zhù gǔ sè"（琴柱に膠す）
反　"见机行事 jiàn jī xíng shì"（機を見てしかるべく計らう）
　　"通权达变 tōng quán dá biàn"（臨機応変の措置を取る）

担惊受怕 dān jīng shòu pà：びくびくする　　**担** `dān`

孩子一生病，父母总是**担惊受怕**的。
Háizi yì shēngbìng, fùmǔ zǒngshì **dān jīng shòu pà** de.

> 子供が病気になると、親はいつもひやひやする。

注　"担惊害怕 dān jīng hài pà"とも。
類　"提心吊胆 tí xīn diào dǎn"（おっかなびっくりである）
反　"高枕无忧 gāo zhěn wú yōu"（枕を高くして寝る）

枪林弹雨 qiāng lín dàn yǔ：砲煙弾雨　　**弹** `dàn`

一些闯过**枪林弹雨**的老干部，却倒在了糖衣炮弹下。
Yìxiē chuǎngguò **qiāng lín dàn yǔ** de lǎogànbù, què dǎozàile tángyī pàodànxià.

> 砲煙弾雨の中を生き延びた幾人かの老幹部でも甘いワイロの前には屈服してしまった。

注　"弹雨枪林 dàn yǔ qiāng lín"とも。
類　"硝烟弹雨 xiāo yān dàn yǔ"（砲煙弾雨）
反　"歌舞升平 gē wǔ shēng píng"（歌ったり踊ったりして天下太平を謳歌する）

当机立断 dāng jī lì duàn：時機を外さず即断する　　**当** dāng

由于时间有限，望贵方能够**当机立断**。
Yóuyú shíjiān yǒuxiàn, wàng guìfāng nénggòu **dāng jī lì duàn**.

時間の制限がありますので，どうか時機を外さずご即断いただきたい。

注　"当 dāng"は［前置詞］「…を前に」。
類　"毅然决然 yì rán jué rán"（断固として）
反　"举棋不定 jǔ qí bú dìng"（碁石を手にして考えあぐねる）
　　"优柔寡断 yōu róu guǎ duàn"（優柔不断である）
　　"犹豫不决 yóu yù bù jué"（ためらって決断できない）

直截了当 zhí jié liǎo dàng：そのものずばりである　　**当** dàng

如果有什么事儿的话，你就**直截了当**地说吧。
Rúguǒ yǒu shénme shìr dehuà, nǐ jiù **zhí jié liǎo dàng** de shuō ba.

もしなにか用事がありましたら，単刀直入に言ってください。

類　"开门见山 kāi mén jiàn shān"（端的にものを言う）
　　"单刀直入 dān dāo zhí rù"（単刀直入）
反　"含糊其辞 hán hú qí cí"（言葉を濁す）
　　"拐弯抹角 guǎi wān mò jiǎo"（回りくどい）

颠三倒四 diān sān dǎo sì：つじつまが合わないこと　　**倒** dǎo

老马得了健忘症，有时说话**颠三倒四**的。
Lǎo Mǎ déle jiànwàngzhèng, yǒushí shuō huà **diān sān dǎo sì** de.

馬さんは健忘症になり，時々話のつじつまが合わない。

注　"倒 dǎo"は［動詞］「倒れる」。
類　"七颠八倒 qī diān bā dǎo"（乱雑で整っていないさま）
反　"井井有条 jǐng jǐng yǒu tiáo"（整然と秩序立っている）
　　"有条不紊 yǒu tiáo bù wěn"（「同」）
　　"有条有理 yǒu tiáo yǒu lǐ"（秩序正しい）
　　"井然有序 jǐng rán yǒu xù"（秩序が整然としている）

倒打一耙　dào dǎ yì pá：
自分の過失や欠点を棚に上げて、逆に人を咎める

我扶起了摔倒的孩子，没想到他妈妈**倒打一耙**说是我撞的。
Wǒ fúqǐle shuāidǎo de háizi, méi xiǎngdào tā māma **dào dǎ yì pá** shuō shì wǒ zhuàng de.

倒　dào
転んだ子供を助け起してあげたのに、私が突き飛ばしたとその子の母親に言いがかりをつけられようとは思いもよらなかった。

類　"反咬一口 fǎn yǎo yì kǒu"（逆ねじを食わせる）
反　"代人受过 dài rén shòu guò"（人の代わりに罰を受ける）

一举两得　yì jǔ liǎng dé：一挙両得

退耕还林是件**一举两得**的好事。
Tuì gēng huán lín shì jiàn **yì jǔ liǎng dé** de hǎoshì.

得　dé
耕地を森林に戻す政策は一挙両得である。

類　"一箭双雕 yí jiàn shuāng diāo"（1矢で2羽の鷲を射る。一石二鳥。）
　　"一石二鸟 yì shí èr niǎo"（一石二鳥）
反　"顾此失彼 gù cǐ shī bǐ"（こちらを立てればあちらが立たない）

天经地义　tiān jīng dì yì：絶対に正しい道理

在中国杀人偿命是**天经地义**的事情。
Zài Zhōngguó shā rén cháng mìng shì **tiān jīng dì yì** de shìqing.

地　dì
中国では人を殺せば命を以って償うことは至極当たり前のことだ。

類　"天公地道 tiān gōng dì dào"（極めて公平である）
反　"理所不容 lǐ suǒ bù róng"（道理で許されない）
　　"岂有此理 qǐ yǒu cǐ lǐ"（そんな道理があるものか）

有的放矢　yǒu dì fàng shǐ：的があって矢を放つ

搞产品开发，我们一定要**有的放矢**，做好市场调查。
Gǎo chǎnpǐn kāifā, wǒmen yídìng yào **yǒu dì fàng shǐ**, zuòhǎo shìchǎng diàochá.

的　dì
商品開発に当たり、我々は必ず的を射た市場調査をしっかり行わなければならない。

類 "对症下药 duì zhèng xià yào"（病状に応じて投薬する）
反 "无的放矢 wú dì fàng shǐ"（的なしで矢を射る）

调虎离山　diào hǔ lí shān：

调　diào

人を居所からおびき出して，その虚をつくたとえ

部长中了一家公司的**调虎离山**之计，高薪没拿到，饭碗也砸了。
Bùzhǎng zhòngle yì jiā gōngsī de diào hǔ lí shān zhī jì, gāoxīn méi nádào, fànwǎn yě zá le.

部長はある会社の引き抜きの策略にかかり，高給を手に出来なかったばかりか生活の糧まで失ってしまった。

注 "调 diào" は［動詞］「移動する」。
類 "引蛇出洞 yǐn shé chū dòng"（蛇を穴からおびき出す）
反 "打草惊蛇 dǎ cǎo jīng shé"（やぶへび）

斩钉截铁　zhǎn dīng jié tiě：

钉　dīng

決断力があって，言動ができぱきしていること

王经理**斩钉截铁**地拒绝了对方的要求。
Wáng jīnglǐ zhǎn dīng jié tiě de jùjuéle duìfāng de yāoqiú.

王社長はきっぱりと相手の要求を断った。

注 "钉 dīng" は［名詞］「釘」。
類 "直截了当 zhí jié liǎo dàng"（そのものずばりである）
　　"干脆利落 gān cuì lì luò"（さっぱりしている）
反 "拖泥带水 tuō ní dài shuǐ"（だらだらとして簡潔でない）
　　"优柔寡断 yōu róu guǎ duàn"（優柔不断）
　　"犹豫不决 yóu yù bù jué"（ためらって決断できない）

斗转星移　dǒu zhuǎn xīng yí：

斗　dǒu

季節が変わり，星が移る

斗转星移，转眼之间，来日本已经十年了。
Dǒu zhuǎn xīng yí, zhuǎn yǎn zhī jiān, lái Rìběn yǐjīng shí nián le.

時が移り変わり，瞬く間に，来日して十年になった。

- 注 "斗 dǒu"は［名詞］「北斗」。"星移斗转 xīng yí dǒu zhuǎn"とも。
- 類 "物换星移 wù huàn xīng yí"（事物が変化し星が移る）
- 反 "长绳系日 cháng shéng jì rì"（長い縄で太陽を繋ぐ）

车载斗量　chē zài dǒu liáng：車に積み，升で量る   斗 dǒu

现在大学毕业生**车载斗量**，数不胜数。
Xiànzài dàxué bìyèshēng **chē zài dǒu liáng**, shǔ bú shèng shǔ.

今では大卒は掃いて捨てるほどで，数え切れない。

- 注 "斗 dǒu"は［名詞］「容積の単位；斗」。
- 類 "汗牛充栋 hàn niú chōng dòng"（汗牛充棟）
- 反 "屈指可数 qū zhǐ kě shǔ"（指を折って数えることができる）
  "寥寥无几 liáo liáo wú jǐ"（寥寥としていくらもない）

钩心斗角　gōu xīn dòu jiǎo：   斗 dòu
互いに腹を探り合って暗闘する

厂长和书记**钩心斗角**的，工厂的管理漏洞百出。
Chǎngzhǎng hé shūjì **gōu xīn dòu jiǎo** de, gōngchǎng de guǎnlǐ lòu dòng bǎi chū.

工場長と書記の腹の探りあいで，工場の管理はすきだらけです。

- 注 "斗 dòu"は［動詞］「争う」。"勾心斗角"とも。
- 類 "明争暗斗 míng zhēng àn dòu"（陰に陽にしのぎを削る）
- 反 "和睦相处 hé mù xiāng chǔ"（仲良く付き合う）
  "推心置腹 tuī xīn zhì fù"（腹を割る）

度日如年　dù rì rú nián：   度 dù
1日が1年のように長く感じる

男朋友去美国留学以后，她一直过着**度日如年**的生活。

彼氏がアメリカ留学に行ってから，彼女は一日千秋の日々をずっと過ごしている。

Nán péngyou qù Měiguó liúxué yǐhòu, tā yìzhí guòzhe **dù rì rú nián** de shēnghuó.

- 注 "度 dù" は［動詞］「過ごす」。
- 類 "一日三秋 yí rì sān qiū"（一日千秋）
- 反 "光阴似箭 guāng yīn sì jiàn"（光陰矢の如し）
  "日月如梭 rì yuè rú suō"（歳月があわただしく流れていくたとえ）
  "似水流年 sì shuǐ liú nián"（光陰は流れる水のごとし）

审时度势　shěn shí duó shì：時期と情勢を見極める　度 duó

什么时候建新工厂，我们一定要**审时度势**。
Shénme shíhou jiàn xīn gōngchǎng, wǒmen yídìng yào **shěn shí duó shì**.

いつ新しい工場を建設するのか，我々は時期と情勢を見極めなければならない。

- 注 "度 duó" は［動詞］「推測する」。
- 類 "识时达务 shí shí dá wù"（時の情勢に明るい）
- 反 "不识时务 bù shí shí wù"（客観情勢を知らない）
  "逆时而动 nì shí ér dòng"（時の流れに逆らって行動する）

阿谀奉承　ē yú fèng cheng：阿諛迎合する　阿 ē

小王一见到领导就**阿谀奉承**，所以同事们都讨厌他。
Xiǎo Wáng yí jiàndào lǐngdǎo jiù **ē yú fèng cheng**, suǒyǐ tóngshìmen dōu tǎoyàn tā.

王さんは幹部に会うとこびへつらうので，同僚達から嫌がられる。

- 注 "阿谀逢迎 ē yú féng yíng" とも。
- 類 "溜须拍马 liū xū pāi mǎ"（おべっかを使う）

穷山恶水　qióng shān è shuǐ：荒れた山と危険な川　恶 è

从前**穷山恶水**的山村，现在成了观光胜地。
Cóngqián **qióng shān è shuǐ** de shāncūn, xiànzài chéngle guānguāng shèngdì.

かつては不毛の山村だったが，今や観光の名勝地になった。

- 注 "恶 è" は［形容詞］「悪い」。

- 類 "荒山野岭 huāng shān yě lǐng"（荒涼とした山野）
- 反 "青山绿水 qīng shān lù shuǐ"（青々とした山と川）
  "江山如画 jiāng shān rú huà"（山河は絵のように美しい）

先发制人　xiān fā zhì rén：先んずれば人を制す　　发　fā

在技术开发上，我们一定要**先发制人**。
Zài jìshù kāifā shàng, wǒmen yídìng yào **xiān fā zhì rén**.

技術開発の面で，我々は必ず先手を打たなければならない。

- 注 "发 fā" は［動詞］「発する」。
- 類 "先声夺人 xiān shēng duó rén"（先に気勢をあげて相手を圧倒する）
  "先声制人 xiān shēng zhì rén"（「同」）
- 反 "后发制人 hòu fā zhì rén"（まず一歩譲って有利な立場を占めることによって相手を制する）

千钧一发　qiān jūn yí fà：危機一髪　　发　fà

在这**千钧一发**的时刻，溺水儿童被救上了岸。
Zài zhè **qiān jūn yí fà** de shíkè, nìshuǐ értóng bèi jiùshàngle àn.

危機一髪の時に，溺れた児童は岸に救い上げられた。

- 注 "发 fà" は［名詞］「髪」。
  "一发千钧 yí fà qiān jūn" とも。
- 類 "危如累卵 wēi rú lěi luǎn"（累卵のごとく危険である）
  "危在旦夕 wēi zài dàn xī"（危険が目の前に迫っている）
- 反 "稳如泰山 wěn rú tài shān"（泰山のようにどっしりとして動かない）
  "安如磐石 ān rú pán shí"（盤石のごとくびくともしない）

妄自菲薄　wàng zì fěi bó：むやみに卑下する　　菲　fěi

我们不能**妄自菲薄**，也不能妄自尊大。
Wǒmen bùnéng **wàng zì fěi bó**, yě bùnéng wàng zì zūn dà.

我々はむやみに卑下してはいけないし，また，みだりに尊大ぶってもいけない。

- 類 "自轻自贱 zì qīng zì jiàn"（自らを卑下する）

| 反 | "妄自尊大 wàng zì zūn dà"（みだりに尊大ぶる）
"自高自大 zì gāo zì dà"（思い上がって尊大ぶる）

争分夺秒　zhēng fēn duó miǎo：一分一秒を争う　　分 | fēn

快要考试了，学生们都在**争分夺秒**地学习。
Kuàiyào kǎoshì le, xuéshengmen dōu zài zhēng fēn duó miǎo de xuéxí.

もうすぐ試験なので、学生達はみな寸刻を惜しんで勉強している。

| 类 | "分秒必争 fēn miǎo bì zhēng"（分秒を争う）
"只争朝夕 zhǐ zhēng zhāo xī"（ただ一刻を争うのみ）
| 反 | "虚掷时光 xū zhì shí guāng"（時間を無駄に過ごす）
"蹉跎岁月 cuō tuó suì yuè"（月日が無駄に流れ去る）

恰如其分　qià rú qí fèn：過不足なくちょうど良い　　分 | fèn

王主任的总结是**恰如其分**的。
Wáng zhǔrèn de zǒngjié shì qià rú qí fèn de.

王主任のまとめは適切です。

| 类 | "恰到好处 qià dào hǎo chù"（ちょうど良い程度である）
| 反 | "过犹不及 guò yóu bù jí"（過ぎたるはなお及ばざるがごとし）
"矫枉过正 jiǎo wǎng guò zhèng"（是正が行き過ぎる）

天衣无缝　tiān yī wú fèng：完璧である　　缝 | fèng

这个设计方案简直是**天衣无缝**。
Zhè ge shèjì fāng'àn jiǎnzhí shì tiān yī wú fèng.

この設計案は完璧です。

| 类 | "完美无缺 wán měi wú quē"（完全で非の打ち所がない）
| 反 | "漏洞百出 lòu dòng bǎi chū"（隙だらけである）
"破绽百出 pò zhàn bǎi chū"（「同」）

千夫所指 qiān fū suǒ zhǐ： 　　　　　　　夫　fū

多くの人に後ろ指を指される

人无论贫富，都不该做那些**千夫所指**的事情。
Rén wúlùn pín fù, dōu bù gāi zuò nàxiē **qiān fū suǒ zhǐ** de shìqing.

人は貧富にかかわらず、後ろ指を差されるようなことをしてはいけない。

類 "天怒人怨 tiān nù rén yuàn"（天は怒り、人は憎む）
反 "万人景仰 wàn rén jǐng yǎng"（万人が敬慕する）
　 "众望所归 zhòng wàng suǒ guī"（衆望の帰するところ）

以理服人 yǐ lǐ fú rén：道理を説いて人を説得する　　服　fú

说话办事要**以理服人**。
Shuō huà bàn shì yào **yǐ lǐ fú rén**.

話をしても、ことを処理しても道理を説いて人を説得しなければならない。

注 "服 fú"は［動詞］「服従する」。
類 "晓之以理 xiǎo zhī yǐ lǐ"（道理を以って諭す）
反 "以力服人 yǐ lì fú rén"（力を以って人を納得させる）
　 "蛮不讲理 mán bù jiǎng lǐ"（粗野で道理をわきまえない）

外强中干 wài qiáng zhōng gān：見かけ倒し　　　干　gān

王虎是个**外强中干**的人。
Wáng Hǔ shì ge **wài qiáng zhōng gān** de rén.

王虎は見かけ倒しの人だ。

類 "色厉内荏 sè lì nèi rěn"（外見は強そうだが、内心は臆病である）
反 "外柔内刚 wài róu nèi gāng"（外見は柔和であるが、中は剛である）

精明强干 jīng míng qiáng gàn： 　　　　　　　干　gàn

頭もよいし仕事もできる

妇联主任是个**精明强干**的人，家里家外都是一把手。
Fù-lián zhǔrèn shì ge **jīng míng qiáng gàn** de rén,

婦人連合会の主任は頭もよく仕事もできる人で、家でも外でも中々のやり手だ。

jiālǐ jiāwài dōu shì yì bǎ shǒu.
- 類 "精明能干 jīng míng néng gàn"（有能で精力的である）
- 反 "碌碌无能 lù lù wú néng"（平凡で才能がない）

格格不入　gé gé bú rù：まったく相容れない

格 | gé

双方的主张**格格不入**。
Shuāngfāng de zhǔzhāng **gé gé bú rù**.

両者の主張はまったく相容れない。

- 類 "圆凿方枘 yuán záo fāng ruì"（丸いほぞ穴と四角いほぞ）
  "方枘圆凿 fāng ruì yuán záo"（四角いほぞと丸いほぞ穴）
- 反 "水乳交融 shuǐ rǔ jiāo róng"（水と乳が一つに溶け合う）
  "丝丝入扣 sī sī rù kòu"（（文章などが）一言一句急所を突いていること）

万象更新　wàn xiàng gēng xīn：万象が新たになる

更 | gēng

新春伊始，**万象更新**。
Xīnchūn yīshǐ, **wàn xiàng gēng xīn**.

新年が始まり、万象が新たになります。

- 類 "焕然一新 huàn rán yì xīn"（面目を一新する）
- 反 "面目依旧 miàn mù yī jiù"（相変わらず）
  "依然故我 yī rán gù wǒ"（昔のままの自分である）

张冠李戴　zhāng guān lǐ dài：

張の帽子を李にかぶせる

冠 | guān

请不要**张冠李戴**，这件事和我没有任何关系。
Qǐng búyào **zhāng guān lǐ dài**, zhè jiàn shì hé wǒ méiyǒu rènhé guānxi.

相手を間違えないでください、この件はわたしとはまったく関係がありません。

- 注 "冠 guān"は［名詞］「帽子」。
- 類 "乱点鸳鸯 luàn diǎn yuān yāng"（状況を顧みずにいい加減に組み合わせる）
- 反 "实事求是 shí shì qiú shì"（事実に基づいて真実を求める）

坐井观天 zuò jǐn guān tiān：井の中の蛙　　　　　观　guān

我们不能**坐井观天**，而要走出去，经风雨见世面。
Wǒmen bùnéng zuò jǐn guān tiān, ér yào zǒuchūqù, jīng fēngyǔ jiàn shìmiàn.

我々は井の中の蛙になってはいけない，外に出て苦労して世間を渡らなければならない。

類　"井底之蛙 jǐng dǐ zhī wā"（井の中の蛙）
　　"管窥蠡测 guǎn kuī lí cè"（竹の管から天をのぞき，貝のひしゃくで海水を量る）
反　"见多识广 jiàn duō shí guǎng"（経験が豊富で知識が広い）

引吭高歌 yǐn háng gāo gē：声を張り上げて歌う　　　　吭　háng

留学生们**引吭高歌**，欢度春节。
Liúxuéshēngmen yǐn háng gāo gē, huāndù Chūnjié.

留学生達は声を張り上げて歌い，春節を楽しく過ごす。

類　"响遏行云 xiǎng è xíng yún"（響きが流れ雲を留める）
反　"低吟浅唱 dī yín qiǎn chàng"（低い声で吟じる）
　　"一声不吭 yì shēng bù kēng"（一言も言わない）

好吃懒做 hào chī lǎn zuò：
食いしん坊の怠け者である　　　　　　　　　　　好　hào

张三是个**好吃懒做**的人，你最好不要和他来往。

張三は食いしん坊の怠け者で，君は彼と付き合わない方がいい。

Zhāng Sān shì ge hào chī lǎn zuò de rén, nǐ zuìhǎo búyào hé tā láiwǎng.
注　"好 hào"は［動詞］「好む」。
類　"游手好闲 yóu shǒu hào xián"（ぶらぶらして働かないこと）
　　"好逸恶劳 hào yì wù láo"（安逸を貪り，働くのを嫌がる）
反　"吃苦耐劳 chī kǔ nài láo"（苦しみやつらさを耐え忍ぶ）
　　"含辛茹苦 hán xīn rú kǔ"（辛酸を嘗める）

和颜悦色 hé yán yuè sè：
表情がにこにこして愛想のよい様子

王老师正在**和颜悦色**地教导犯错误的同学。
Wáng lǎoshī zhèngzài **hé yán yuè sè** de jiàodǎo fàn cuòwù de tóngxué.

注 "和 hé" は［形容詞］「温和な」。
類 "笑容可掬 xiào róng kě jū"（笑顔が晴れやかである）
反 "声色俱厉 shēng sè jù lì"（声色ともに厳しい）
　 "疾言厉色 jí yán lì sè"（顔をこわばらせて言葉を荒げる）

和 hé

王先生は実に和やかに，過ちを犯した学生を教え導いている。

横七竖八 héng qī shù bā：
ごちゃごちゃに入り乱れているさま

王丽不擅长做家务，家里的各种东西放得**横七竖八**的。
Wáng Lì bú shàncháng zuò jiāwù, jiāli de gèzhǒng dōngxi fàngde **héng qī shù bā** de.

類 "乱七八糟 luàn qī bā zāo"（めちゃくちゃである）
反 "井井有条 jǐng jǐng yǒu tiáo"（整然と秩序立っている）
　 "有条有理 yǒu tiáo yǒu lǐ"（秩序正しい）

横 héng

王麗は，家事が苦手で，家中が色々なものでごちゃごちゃしている。

化为泡影 huà wéi pào yǐng：水の泡になる

股票暴跌，李四的发财梦早已**化为泡影**。
Gǔpiào bàodiē, Lǐ Sì de fācái mèng zǎoyǐ **huà wéi pào yǐng**.

類 "化为乌有 huà wéi wū yǒu"（烏有に帰す）
反 "梦想成真 mèng xiǎng chéng zhēn"（夢が現実になる）

化 huà

株が暴落し，李四の財を成す夢はもはや水の泡となってしまった。

67

讨价还价 tǎo jià huán jià：駆け引きをする　　　还　huán

工作不能**讨价还价**。
Gōngzuò bùnéng tǎo jià huán jià.

仕事で駆け引きはいけない。

注　"还 huán"は［動詞］「かえす」。
類　"要价还价 yào jià huán jià"（駆け引きをする）
　　"斤斤计较 jīn jīn jì jiào"（細かいことでけちけちする）
反　"毫不计较 háo bù jì jiào"（少しも計算しない）

混水摸鱼 hún shuǐ mō yú：
どさくさにまぎれてうまい儲けをするたとえ　　　混　hún

竞争对手想**混水摸鱼**挤垮我们，大家千万别上当。
Jìngzhēng duìshǒu xiǎng hún shuǐ mō yú, jǐkuǎ wǒmen, dàjiā qiānwàn bié shàngdàng.

ライバルはどさくさにまぎれて我々を潰そうとしています，皆は絶対騙されないようにしてください。

注　"混 hún"は［形容詞］「濁っている」。
　　"浑水摸鱼 hún shuǐ mō yú"とも。
類　"趁火打劫 chèn huǒ dǎ jié"（火事場泥棒を働く）
反　"雪中送炭 xuě zhōng sòng tàn"（雪中に炭を送る）

混淆黑白 hùn xiáo hēi bái：黑白(こくびゃく)を混同する　　　混　hùn

谁是谁非一定要搞清楚，决不能**混淆黑白**。
Shuí shì shuí fēi yídìng yào gǎoqīngchu, jué bùnéng hùn xiáo hēi bái.

誰が正しいかを必ずはっきりさせて，黒白を混同してはならない。

注　"混 hùn"は［動詞］「混同する」。
類　"颠倒黑白 diān dǎo hēi bái"（黒を白と言いくるめる）
反　"泾渭分明 jīng wèi fēn míng"（両者の間にはっきりした一線が画されているたとえ）
　　"是非分明 shì fēi fēn míng"（是非が明らかである）

寥寥无几 liáo liáo wú jǐ：極めて少ない　　　　　　　　　**几** jǐ

王鹏认识很多人，但知心朋友却**寥寥无几**。
Wáng Péng rènshi hěn duō rén, dàn zhī xīn péngyou què liáo liáo wú jǐ.

> 王鹏にはたくさんの知り合いがいるが，しかし気心の知れた友人は極めて少ない。

類　"寥寥可数 liáo liáo kě shǔ"（数えられるほどしかない）
　　"屈指可数 qū zhǐ kě shǔ"（指を折って数えることができる）
反　"数不胜数 shǔ bú shèng shǔ"（数え切れない）
　　"不胜枚举 bú shèng méi jǔ"（枚挙に暇がない）
　　"比比皆是 bǐ bǐ jiē shì"（どこにでもいる）

日不暇给 rì bù xiá jǐ：仕事に追われて寸暇もない　　　　**给** jǐ

丈夫当了厂长以后，一直过着**日不暇给**的生活。
Zhàngfu dāngle chǎngzhǎng yǐhòu, yìzhí guòzhe rì bù xiá jǐ de shēnghuó.

> 主人は工場長になってから，ずっと仕事に追われて寸暇もない日々を過ごしている。

類　"日理万机 rì lǐ wàn jī"（政務が多忙を極める）
反　"无所事事 wú suǒ shì shì"（何もしない）
　　"尸位素餐 shī wèi sù cān"（職責を尽くさずいたずらに俸給を得る）

人才济济 rén cái jǐ jǐ：　　　　　　　　　　　　　　　**济** jǐ
多士済々。人材が非常に多いこと

人才济济的清华大学排名第一。
Rén cái jǐ jǐ de Qīnghuá Dàxué páimíng dì yī.

> 多士済々の清華大学が第一位を占めた。

類　"人才辈出 rén cái bèi chū"（人材が輩出する）
反　"后继无人 hòu jì wú rén"（後継ぎがいない）
　　"青黄不接 qīng huáng bù jiē"（切れ間）

无济于事　wú jì yú shì：ものの役にも立たない

你这种做法根本**无济于事**。
Nǐ zhè zhǒng zuòfǎ gēnběn **wú jì yú shì**.
注　"济 jì"は［動詞］「有益である，役に立つ」。
類　"于事无补 yú shì wú bǔ"（何の役にも立たない）
反　"大有裨益 dà yǒu bì yì"（大いに益するところがある）

済　jì

あなたのこのやり方はまったくものの役にも立たない。

狐假虎威　hú jiǎ hǔ wēi：虎の威を借る狐

我最讨厌**狐假虎威**的人。
Wǒ zuì tǎoyàn **hú jiǎ hǔ wēi** de rén.
注　"假 jiǎ"は［動詞］「借る」。
類　"狗仗人势 gǒu zhàng rén shì"（イヌが人の力を笠に着る）
　　"仗势欺人 zhàng shì qī rén"（勢力を頼んで弱い者いじめをする）

假　jiǎ

私は虎の威を借る狐のような人が一番嫌いだ。

行将就木　xíng jiāng jiù mù：

棺おけに片足を突っ込んでいる

行将就木的王主任，仍不肯放弃手中的权力。
Xíng jiāng jiù mù de Wáng zhǔrèn, réng bùkěn fàngqì shǒuzhōng de quánlì.
注　"将 jiāng"は［副詞］「まもなく…であろう」。
類　"风烛残年 fēng zhú cán nián"（余命幾ばくもない）
　　"奄奄一息 yǎn yǎn yì xī"（気息奄々としている）
反　"如日方中 rú rì fāng zhōng"（物事が最も盛んな段階であること）

将　jiāng

棺おけに片足を突っ込んでいる王主任だが，依然手中の権力を放そうとしない。

屡教不改　lǚ jiào bù gǎi：何度注意しても改めない

对于个别**屡教不改**的学生，学校将从严处理。
Duìyú gèbié **lǚ jiào bù gǎi** de xuésheng, xuéxiào jiāng cóngyán chǔlǐ.

教　jiào

何度注意しても改めない一部の学生に対し，学校は厳正に処分する。

- 注　"教 jiào"は［動詞］「教育する」。
- 類　"执迷不悟 zhí mí bú wù"（間違った考えに固執して悟らない）
  "死不悔改 sǐ bù huǐ gǎi"（どうしても悔い改めない）
- 反　"痛改前非 tòng gǎi qián fēi"（前非をすっかり悔い改める）
  "知过必改 zhī guò bì gǎi"（過ちを悟ったら必ず改める）

矫揉造作　jiǎo róu zào zuò：わざとらしく振舞う

矫　jiǎo

说话要言之有物，不能**矫揉造作**。
Shuō huà yào yán zhī yǒu wù, bùnéng **jiǎo róu zào zuò**.

話には内容があるべきで，不自然に飾りたてるものではない。

- 類　"扭怩作态 niǔ ní zuò tài"（わざとはにかむような媚態を示す）
- 反　"落落大方 luò luò dà fāng"（鷹揚でさっぱりしている）
  "举止自若 jǔ zhǐ zì ruò"（挙止が自若としている）

拐弯抹角　guǎi wān mò jiǎo：回りくどい

角　jiǎo

有什么事情你就直说吧，别**拐弯抹角**的了。
Yǒu shénme shìqing nǐ jiù zhí shuō ba, bié **guǎi wān mò jiǎo** de le.

用事があればはっきり言ってくれ，回りくどいことはやめることだ。

- 注　"转弯抹角 zhuǎn wān mò jiǎo"とも。
- 反　"开门见山 kāi mén jiàn shān"（ずばりと本題に入る）
  "单刀直入 dān dāo zhí rù"（単刀直入）
  "直截了当 zhí jié liǎo dàng"（そのものずばりである）

张口结舌　zhāng kǒu jié shé：理に詰まったり

结　jié

びっくりしたりしてものが言えないさま

一直矢口否认的犯人，在证据面前**张口结舌**了。
Yīzhí shǐ kǒu fǒurèn de fànrén, zài zhèngjù miànqián **zhāng kǒu jié shé** le.

ずっと罪を否認し続けた犯人は，証拠を前に絶句してしまった。

類 "瞠目结舌 chēng mù jié shé"（目を見張り口がきけない）
"哑口无言 yǎ kǒu wú yán"（答えに詰まって言うべき言葉がない）
"钳口结舌 qián kǒu jié shé"（口をつぐんでものを言おうとしない）
反 "对答如流 duì dá rú liú"（よどみなく応答する）
"口若悬河 kǒu ruò xuán hé"（立て板に水）

不拘小节　bù jū xiǎo jié：小さなことに拘らない

节　jié

王大夫是个**不拘小节**的人。
Wáng dàifu shì ge **bù jū xiǎo jié** de rén.

王医師は小さなことに拘らない人だ。

類 "不修边幅 bù xiū biān fú"（身なりや体裁に頓着しない）
反 "谨小慎微 jǐn xiǎo shèn wēi"（小心翼々とした）

一知半解　yì zhī bàn jiě：生半可

解　jiě

小王对英语是**一知半解**，却到处吹嘘自己的英语好。
Xiǎo Wáng duì Yīngyǔ shì **yì zhī bàn jiě**, què dàochù chuīxū zìjǐ de Yīngyǔ hǎo.

王さんは英語に関しては生半可なくせに，あちこちで自分の英語がいいと吹聴している。

類 "似懂非懂 sì dǒng fēi dǒng"（分かっているようで分かっていない）
反 "通古博今 tōng gǔ bó jīn"（古今の事柄に精通する）
"融会贯通 róng huì guàn tōng"（完全に理解する）

情不自禁　qíng bú zì jìn：感情を抑えられない

禁　jìn

研究终于成功了，马主任**情不自禁**地流下了眼泪。
Yánjiū zhōngyú chénggōng le, Mǎ zhǔrèn **qíng bú zì jìn** de liúxiàle yǎnlèi.

研究はついに成功し，馬主任は思わず涙をこぼした。

類 "身不由己 shēn bù yóu jǐ"（自由な行動が許されない）
"不由自主 bù yóu zì zhǔ"（思わず）
反 "无动于衷 wú dòng yú zhōng"（まったく無関心である）

竭尽全力 jié jìn quán lì：全力を尽くす　　　　　　　尽　jìn

我们一定**竭尽全力**，在工期内完成施工任务。　我々は必ず全力を尽く
Wǒmen yídìng jié jìn quán lì, zài gōngqī nèi wán-　し，工期内に施工の任
chéng shīgōng rènwù.　　　　　　　　　　　　　　務を果たす。

類　"不遗余力 bù yí yú lì"（全力を尽くす）"尽心竭力 jìn xīn jié lì"（「同」）
反　"敷衍了事 fū yǎn liǎo shì"（いい加減にごまかしてしまう）

疾风劲草 jí fēng jìng cǎo：疾風に勁草（けいそう）を知る　　　劲　jìng

现在来看望我的只有你们俩了，真是**疾风**　今ではわたしを訪ねて
劲草啊。　　　　　　　　　　　　　　　　来るのはお二人だけに
Xiànzài lái kànwàng wǒ de zhǐyǒu nǐmen liǎ le,　なりました。本当に疾
zhēnshi jí fēng jìng cǎo a.　　　　　　　　　　風に勁草を知る，です
　　　　　　　　　　　　　　　　　　　　　　ね。
注　"疾风知劲草 jí fēng zhī jìng cǎo" とも。
類　"烈火真金 liè huǒ zhēn jīn"（純金は烈火でその値打ちが現れる）
反　"娇生惯养 jiāo shēng guàn yǎng"（甘やかされて大きくなること）

卷土重来 juǎn tǔ chóng lái：捲土重来　　　　　　　　卷　juǎn

我们绝对不能给对方**卷土重来**的机会。　我々は絶対相手に巻き
Wǒmen juéduì bùnéng gěi duìfāng juǎn tǔ chóng　返しの機会を与えては
lái de jīhuì.　　　　　　　　　　　　　　　　ならない。

注　"卷 juǎn" は［動詞］「巻き上げる」。
類　"东山再起 dōng shān zài qǐ"（再起する）
　　"死灰复燃 sǐ huī fù rán"（冷たくなった灰がもう一度燃え出す）
反　"销声匿迹 xiāo shēng nì jì"（鳴りをひそめ姿を消す）

看风使舵 kàn fēng shǐ duò：風向きを見て舵を取る　　　看　kàn

小孙是个**看风使舵**的人。　　　　　　　　孙さんは風見鶏だ。
Xiǎo Sūn shì ge kàn fēng shǐ duò de rén.

類　"临机应变 lín jī yìng biàn"（臨機応変）"临" は "随 suí" とも。

"见机行事 jiàn jī xíng shì"（機を見てしかるべく計らう）
反 "守株待兔 shǒu zhū dài tù"（切り株の番をしてウサギを待つ）
"刻舟求剑 kè zhōu qiú jiàn"（剣を落として舟を刻む）

空口无凭　kōng kǒu wú píng：
口で言っただけでは証拠にならない

空　kōng

俗话说"**空口无凭**"，咱们还是签份合同吧。
Súhuà shuō "**kōng kǒu wú píng**", zánmen háishi qiān fèn hétong ba.

諺に「口で言っただけでは証拠にならない」と言いますから，我々はやはり契約書を作りましょう。

反 "白纸黑字 bái zhǐ hēi zì"（白い紙に書かれた黒い文字）
"铁证如山 tiě zhèng rú shān"（証拠が確かで動かすことができない）

喜闻乐见　xǐ wén lè jiàn：喜んで聞き，喜んで見る

乐　lè

这些都是当地群众**喜闻乐见**的民歌。
Zhèxiē dōu shì dāngdì qúnzhòng **xǐ wén lè jiàn** de míngē.

これらはみな当地の民衆に喜ばれている民謡だ。

注 "乐 lè"は［動詞］「喜ぶ」。
类 "脍炙人口 kuài zhì rén kǒu"（人口に膾炙(かいしゃ)する）
反 "不堪入目 bù kān rù mù"（見るに堪えない）

悬崖勒马　xuán yá lè mǎ：
断崖に臨んでウマの手綱を引き締める

勒　lè

悬崖勒马的孙丽，又重新走向了社会。
Xuán yá lè mǎ de Sūn Lì, yòu chóngxīn zǒuxiàngle shèhuì.

破滅寸前に心を入れ替えた孫麗は，また社会に復帰した。

类 "痛改前非 tòng gǎi qián fēi"（前非を悔い改める）
"改过自新 gǎi guò zì xīn"（心を入れ替えて生まれ変わる）
反 "怙恶不悛 hù è bù quān"（悪い事をし続けて，悔い改めようとしない）
"执迷不悟 zhí mí bú wù"（間違った考えに固執して悟らない）
"死不改悔 sǐ bù gǎi huǐ"（どうしても悔い改めない）

长年累月 cháng nián lěi yuè：長い間　　　　　　　　　　　累　lěi

长年累月的劳苦，使五十几岁的母亲白发苍苍。

> 長年の苦労で，五十数歳の母はもう白髪交じりだ。

Cháng nián lěi yuè de láokǔ, shǐ wǔshíjǐ suì de mǔqin báifà cāngcāng.

- 類　"穷年累月 qióng nián lěi yuè"（年月を重ねる）
　　　"日久天长 rì jiǔ tiān cháng"（長い年月の間に）
- 反　"转瞬之间 zhuǎn shùn zhī jiān"（瞬く間に）
　　　"弹指之间 tán zhǐ zhī jiān"（「同」）

星火燎原 xīng huǒ liáo yuán：星火燎原。小さな火花も野原を焼き尽くすことができる　　燎　liáo
りょうげん

星火燎原，如今改革的春风已经吹遍了神州大地。

> 星火燎原，今改革の春風がすでに中国の至る所で吹いている。

Xīng huǒ liáo yuán, rújīn gǎigé de chūnfēng yǐjīng chuībiànle shénzhōu dàdì.

- 類　"星星之火 xīng xīng zhī huǒ"（小さな火花）
　　　"燎原之火 liáo yuán zhī huǒ"（燎原の火）
　　　"星星之火，可以燎原 xīng xīng zhī huǒ, kě yǐ liáo yuán"（星火燎原）
- 反　"杯水车薪 bēi shuǐ chē xīn"（焼け石に水）

心急火燎 xīn jí huǒ liǎo：　　　　　　　　　　　　　　　燎　liǎo
火あぶりにされているようにいらいらする

面试结束后，他一直**心急火燎**地等着结果。

> 面接後，彼はずっといらいらしながら結果を待っている。

Miànshì jíshù hòu, tā yìzhí xīn jí huǒ liǎo de děngzhe jiéguǒ.

- 類　"心急如焚 xīn jí rú fén"（火あぶりにされているようにいらいらする）
　　　"忧心如焚 yōu xīn rú fén"（心配で居ても立ってもいられない）
- 反　"从容不迫 cóng róng bú pò"（落ち着き払って慌てない様子）
　　　"慢条斯理 màn tiáo sī lǐ"（ゆったりとして落ち着いているさま）

了如指掌 liǎo rú zhǐ zhǎng：手のひらを人に見せるくらい明らかである。熟知しているたとえ

导游小王对这里的景点**了如指掌**。
Dǎoyóu Xiǎo Wáng duì zhèlǐ de jǐngdiǎn liǎo rú zhǐ zhǎng.

注 "了 liǎo"は［動詞］「知る」。
類 "洞若观火 dòng ruò guān huǒ"（火を見るよりも明らかである）
反 "一无所知 yī wú suǒ zhī"（何も知らない）
"雾里看花 wù lǐ kàn huā"（霧中で花を見る）

了 | liǎo

ガイドの王さんはここの景勝地を知り尽くしている。

量力而行 liàng lì ér xíng：力相応に事を行う

这件事您就**量力而行**吧。
Zhè jiàn shì nín jiù liàng lì ér xíng ba.

注 "量 liàng"は［動詞］「量る」。
類 "力所能及 lì suǒ néng jí"（能力に相応する）
反 "自不量力 zì bú liàng lì"（身のほどを知らない）
"不自量力 bú zì liàng lì"（「同」）

量 | liàng

この件に関して、あなたは力相応に事を行えばいい。

淋漓尽致 lín lí jìn zhì：
（文章や話などが）詳しく徹底しているさま

这篇小说把母亲无私的爱表达得**淋漓尽致**。
Zhè piān xiǎoshuō bǎ mǔqin wúsī de ài biǎodá de lín lí jìn zhì.

類 "酣畅淋漓 hān chàng lín lí"（思う存分に）
反 "意犹未尽 yì yóu wèi jìn"（まだ意を尽くしていない）

淋 | lín

この小説は母親の無私な愛を余すところなく表現している。

朝令夕改 zhāo lìng xī gǎi：朝令暮改
命令や法規などが頻繁に変更されること

国家政策决不能**朝令夕改**。

令 | lìng

国の政策が朝令暮改であってはならない。

Guójiā zhèngcè jué bùnéng **zhāo lìng xī gǎi**.

類 "朝令暮改 zhāo lìng mù gǎi"（朝令暮改）
"朝行夕改 zhāo xíng xī gǎi"（「同」）

反 "言出法随 yán chū fǎ suí"（発布してすぐに法律として執行する）
"号令如山 hào lìng rú shān"（号令は山の如く）

溜之大吉　liū zhī dà jí：こっそり逃げる　　溜 | liū

强盗一看事情不妙，就一溜烟儿地**溜之大吉**了。

Qiángdào yí kàn shìqing búmiào, jiù yíliùyānr de **liū zhī dà jí** le.

強盗は雲行きが怪しいと見て、一目散に逃げてしまった。

注 "溜 liū"は［動詞］「こっそり逃げる」。
"一溜烟"の"溜 liù"は［助数詞］「すじ」。

類 "溜之乎也 liū zhī hū yě"（こっそり逃げる）
"逃之夭夭 táo zhī yāo yāo"（尻に帆をかけて逃げる）

反 "插翅难飞 chā chì nán fēi"（羽をつけても逃げられない）

抛头露面　pāo tóu lù miàn：臆面もなく人前に顔を出す　　露 | lù

小陈是个喜欢**抛头露面**的人。

Xiǎo Chén shì ge xǐhuan **pāo tóu lù miàn** de rén.

陳さんは目立ちたがり屋だ。

類 "出头露面 chū tóu lòu miàn"（公の場所へ顔を出す）

反 "深居简出 shēn jū jiǎn chū"（家に引きこもってめったに外出しない）
"隐姓埋名 yǐn xìng mái míng"（姓名を人に隠す）

论功行赏　lùn gōng xíng shǎng：論功行賞　　论 | lùn

论功行赏，选举时为局长拉票的张新当了科长。

Lùn gōng xíng shǎng, xuǎnjǔ shí wèi júzhǎng lā piào de Zhāng Xīn dāngle kēzhǎng.

論功行賞，選挙の時局長のために票を集めた張新はその功績相応に課長になった。

- 類 "评功摆好 píng gōng bǎi hǎo"（論功行賞）
- 反 "按罪处罚 àn zuì chǔ fá"（罪に応じて処罰する）

落井下石 luò jǐng xià shí：

井戸に落ちた人に石を投げ入れる

落 | luò

我万万没想到老李是个**落井下石**的人。
Wǒ wànwàn méi xiǎngdào Lǎo Lǐ shì ge **luò jǐng xià shí** de rén.

私は李さんが弱みにつけこむ人だとは予想もしなかった。

- 類 "乘人之危 chéng rén zhī wēi"（人の困っているのにつけこむ）
  "趁火打劫 chèn huǒ dǎ jié"（火事場泥棒を働く）
- 反 "见义勇为 jiàn yì yǒng wéi"（義を見て勇敢にこれをなす）
  "雪中送炭 xuě zhōng sòng tàn"（雪中に炭を送る）
  "扶危济困 fú wēi jì kùn"（危機を助け困難を救う）

心乱如麻 xīn luàn rú má：心が千々に乱れる

麻 | má

股票暴跌，与恋人的离别，这些事让小赵**心乱如麻**。
Gǔpiào bàodiē, yǔ liànrén de líbié, zhèxiē shì ràng Xiǎo Zhào **xīn luàn rú má**.

株価の暴落，恋人との別離，これらのことで趙さんの心は千々に乱れた。

- 類 "心烦意乱 xīn fán yì luàn"（いらいらして気持ちが乱れる）
- 反 "怡然自得 yí rán zì dé"（悠々自適）
  "心安理得 xīn ān lǐ dé"（やましいことがなく心が安らかである）

隐姓埋名 yǐn xìng mái míng：姓名を隠す

埋 | mái

被打成右派后，他一直在乡下过着**隐姓埋名**的生活。
Bèi dǎchéng yòupài hòu, tā yìzhí zài xiāngxià guòzhe **yǐn xìng mái míng** de shēnghuó.

右派とされてから，彼はずっと田舎で姓名を隠して暮らしていた。

- 類 "改名换姓 gǎi míng huàn xìng"（姓名を変える）

"更名换姓 gēng míng huàn xìng"（「同」）
反 "招摇过市 zhāo yáo guò shì"（威張って町を闊歩する）
"抛头露面 pāo tóu lù miàn"（臆面もなく人前に顔を出す）

来龙去脉　lái lóng qù mài：ことの経過

脉　mài

你把事情的**来龙去脉**跟我说一遍。
Nǐ bǎ shìqing de **lái lóng qù mài** gēn wǒ shuō yí biàn.

あなたはことの経緯を私に一通り説明してください。

類 "前因后果 qián yīn hòu guǒ"（原因と結果）
反 "来历不明 lái lì bù míng"（来歴が不明である）

没精打采　méi jīng dǎ cǎi：

没　méi

打ちしおれて元気がないさま

落榜以后，王菲整天**没精打采**的。
Luòbǎng yǐhòu, Wáng Fēi zhěngtiān **méi jīng dǎ cǎi** de.

落第してから，王菲は終日しょんぼりしている。

注 "无精打彩 wú jīng dǎ cǎi"とも。
類 "垂头丧气 chuí tóu sàng qì"（しょんぼりと元気のないさま）
"委靡不振 wěi mí bú zhèn"（しょげかえってふるわない）
反 "精神抖擞 jīng shén dǒu sǒu"（元気に満ち溢れている）
"精神焕发 jīng shén huàn fā"（元気はつらつとしている）

闷闷不乐　mèn mèn bú lè：

闷　mèn

うつうつとして楽しまない

你这么**闷闷不乐**的，到底发生了什么事情？
Nǐ zhème **mèn mèn bú lè** de, dàodǐ fāshēngle shénme shìqing?

あなたはこんなに落ち込んでいて，一体何があったのですか。

類 "郁郁寡欢 yù yù guǎ huān"（うつうつとして楽しまない）
反 "心花怒放 xīn huā nù fàng"（喜びに心が弾む）
"喜气洋洋 xǐ qì yáng yáng"（喜びに溢れている）

蒙头转向 mēng tóu zhuàn xiàng：
ぼんやりして方向が分からなくなる

蒙 mēng

丈夫当了厂长以后，整天忙得**蒙头转向**的。
Zhàngfu dāngle chǎngzhǎng yǐhòu, zhěngtiān mángde **mēng tóu zhuàn xiàng** de.

主人は工場長になってから、終日目がまわるほど忙しい。

- 類 "晕头转向 yūn tóu zhuàn xiàng"（頭がくらくらして方向を見失う）
- 反 "心明眼亮 xīn míng yǎn liàng"（洞察力が優れている）
  "神志清醒 shén zhì qīng xǐng"（意識がはっきりしている）

风靡一时 fēng mǐ yì shí：一世を風靡する

靡 mǐ

三年前，这首歌**风靡一时**。
Sān nián qián, zhè shǒu gē **fēng mǐ yì shí**.

三年前，この歌は一世を風靡した。

- 類 "洛阳纸贵 luò yáng zhǐ guì"（洛陽の紙価を高める）
- 反 "湮没无闻 yān mò wú wén"（埋没して名も知れない）
  "无人问津 wú rén wèn jīn"（尋ねる人もいない）

临阵磨枪 lín zhèn mó qiāng：
戦いの直前になって武器を磨く

磨 mó

明天就要考试了，莉莉正在**临阵磨枪**。
Míngtiān jiùyào kǎoshìle, Lìlì zhèngzài **lín zhèn mó qiāng**.

明日はいよいよテストなので、莉莉は一夜漬けをしている。

- 注 "磨 mó" は［動詞］「磨く」。
- 類 "临渴掘井 lín kě jué jǐng"（喉が渇いてから井戸を掘る）
  "江心补漏 jiāng xīn bǔ lòu"（船が川の真ん中までいってから漏れを繕う）
- 反 "有备无患 yǒu bèi wú huàn"（備えがあれば憂いなし）
  "未雨绸缪 wèi yǔ chóu móu"（雨が降らないうちに窓や戸を修繕する）

摩肩接踵 mó jiān jiē zhǒng：

肩を触れ合いかかとを接する

每到节假日，游人**摩肩接踵**，热闹非凡。
Měi dào jiéjiàrì, yóurén **mó jiān jiē zhǒng**, rènao fēifán.

摩 mó

祝祭日になると，観光客が押し合いへし合いで，とても賑やかだ。

類 "比肩继踵 bǐ jiān jiē zhǒng"（肩を触れ合いかかとを接する）
"踵接肩摩 zhǒng jiē jiān mó"（「同」）

含情脉脉 hán qíng mò mò：

内に秘めた情愛が脈々として絶えない

从她**含情脉脉**的眼神中，他意识到了下面要发生的事情。
Cóng tā **hán qíng mò mò** de yǎnshén zhōng, tā yìshidàole xiàmian yào fāshēng de shìqing.

脉 mò

彼女の愛情のこもった眼差しから，彼は次に起こることを意識した。

類 "温情脉脉 wēn qíng mò mò"（やさしい感情がこもっている）
"眉目传情 méi mù chuán qíng"（目の表情で感情を伝える）
反 "冷若冰霜 lěng ruò bīng shuāng"（氷のように冷ややかである）

寸步难行 cùn bù nán xíng：少しも動きがとれない

金融危机发生后，经营到了**寸步难行**的地步。
Jīnróng wēijī fāshēng hòu, jīngyíng dàole **cùn bù nán xíng** de dìbù.

难 nán

金融危機が発生してから，経営は立ち往生の状態に陥った。

注 "难 nán" は［形容詞］「難しい」。
類 "步履维艰 bù lǚ wéi jiān"（歩行が困難である）
反 "大步流星 dà bù liú xīng"（大またに速く歩くさま）
"健步如飞 jiàn bù rú fēi"（足が達者で飛ぶように速く歩く）

患难之交 huàn nàn zhī jiāo：難儀を共にした友人　　　**难** nàn

老李和老王是**患难之交**。
Lǎo Lǐ hé Lǎo Wáng shì **huàn nàn zhī jiāo**.

李さんと王さんは難儀を共にした友人。

- 注　"难 nàn" は［名詞］「災難」。
- 類　"刎颈之交 wěn jǐng zhī jiāo"（刎頸の交わり、生死を共にするほどの友）
- 反　"酒肉朋友 jiǔ ròu péng yǒu"（飲み食い仲間）

探囊取物 tàn náng qǔ wù：袋の中から物を取り出す　　　**囊** náng

这件事对他来说简直是**探囊取物**。
Zhè jiàn shì duì tā láishuō jiǎnzhí shì **tàn náng qǔ wù**.

このことは彼にとって朝飯前だ。

- 類　"瓮中捉鳖 wèng zhōng zhuō biē"（かめの中のスッポンを捉える）
  "垂手可得 chuí shǒu kě dé"（やすやすと手に入る）
  "易如反掌 yì rú fǎn zhǎng"（手のひらを返すように容易である）
- 反　"大海捞针 dà hǎi lāo zhēn"（海に落とした針を探す）

拖泥带水 tuō ní dài shuǐ：だらだらとして簡潔でない　　　**泥** ní

男子汉说话办事，不能**拖泥带水**的。
Nánzihàn shuō huà bàn shì, bùnéng **tuō ní dài shuǐ** de.

男が言うことなすこと煮え切らないのはダメです。

- 類　"拖拖拉拉 tuō tuō lā lā"（もたもたする）
- 反　"干脆利落 gān cuì lì luo"（てきぱきしている）
  "斩钉截铁 zhǎn dīng jié tiě"（決断力があり行動がてきぱきしている）

息事宁人 xī shì níng rén：
折り合いをつけて事を穏便に解決する　　　**宁** níng

你就忍一忍，**息事宁人**吧。
Nǐ jiù rěnyirěn, **xī shì níng rén** ba.

あなたは少し我慢して、事を穏便に解決した方がいい。

- 注　"宁 níng" は［動詞］「安らぐ」。

- 類 "排难解纷 pái nàn jiě fēn"（問題を解決し、紛争を調停すること）
- 反 "惹事生非 rě shì shēng fēi"（いざこざを引き起こす）
    "兴风作浪 xīng fēng zuò làng"（騒ぎを起こす）
    "挑拨离间 tiǎo bō lí jiàn"（不和の種をまく）

宁缺毋滥　nìng quē wú làn：量より質

宁　nìng

在引智招贤的问题上，我们的原则是**宁缺毋滥**。

Zài yǐn zhì zhāo xián de wèntí shang, wǒmen de yuánzé shì **nìng quē wú làn**.

人材集めの問題に関して，我々の原則は量より質である。

- 注 "宁 nìng" は［副詞］「むしろ…方がいい」。
- 類 "宁少勿贪 nìng shǎo wù tān"（少なくても欲張らない）
- 反 "滥竽充数 làn yú chōng shù"（実力のない者がその職を埋め合わせる）
    "多多益善 duō duō yì shàn"（多ければ多いほどよい）

班门弄斧　bān mén nòng fǔ：

弄　nòng

鲁班（古代の建築技術の名匠）の前で斧を振る

我怎么敢在王老师面前**班门弄斧**呢？

Wǒ zěnme gǎn zài Wáng lǎoshī miànqián **bān mén nòng fǔ** ne?

私がどうして王先生の前で腕前を見せびらかすことなどできましょうか。

- 類 "布鼓雷门 bù gǔ léi mén"（布の太鼓を持って、雷門を通る）
- 反 "深藏若虚 shēn cáng ruò xū"（何も持っていないかのごとく深くしまっておく）
    "不耻下问 bù chǐ xià wèn"（目下の者に教えを請うのを恥としない）

否极泰来　pǐ jí tài lái：

否　pǐ

不運もその極に達すれば幸運がくる

否极泰来，我们终于成功了。

Pǐ jí tài lái, wǒmen zhōngyú chénggōng le.

不運もその極に達すれば幸運がくる，我々はついに成功した。

類 "苦尽甜来 kǔ jìn tián lái"（苦が尽きて楽がくる）
反 "乐极生悲 lè jí shēng bēi"（楽しみ極まりて哀情多し）
"月满则亏 yuè mǎn zé kuī"（月は満ちると欠けていく）

开天辟地　kāi tiān pì dì：天地開闢（かいびゃく）

辟　pì

南美举办奥运会是**开天辟地**的第一次。
Nánměi jǔbàn Àoyùnhuì shì **kāi tiān pì dì** de dì yī cì.

南米でオリンピックを開催するのは有史以来のことだ。

注 "辟 pì"は［動詞］「開く，あける」。
類 "史无前例 shǐ wú qián lì"（歴史に前例がない）
"前所未有 qián suǒ wèi yǒu"（未曾有）

大腹便便　dà fù pián pián：太鼓腹

便　pián

那个**大腹便便**的大款儿，花钱小气得要命。
Nàge **dà fù pián pián** de dàkuǎnr, huā qián xiǎoqì de yàomìng.

あの太鼓腹の金持ちは，お金を使うときひどくけちだ。

類 "脑满肠肥 nǎo mǎn cháng féi"（労せずして飽食する人がぶくぶく太っているさま）
反 "骨瘦如柴 gǔ shòu rú chái"（骨と皮ばかりに痩せこける）
"面黄肌瘦 miàn huáng jī shòu"（顔色が悪く痩せ細っている）

片甲不存　piàn jiǎ bù cún：

片　piàn

よろいのひとかけらもなくなる。全滅する

那是一家道德观**片甲不存**的企业。
Nà shì yì jiā dàodé guān **piàn jiǎ bù cún** de qǐyè.

あそこは道徳観念のかけらもない企業だ。

注 "片甲不回 piàn jiǎ bù huí" "片甲无存 piàn jiǎ wú cún"とも。
類 "全军覆没 quán jūn fù mò"（全軍が壊滅する）
反 "大获全胜 dà huò quán shèng"（完勝を勝ち取った）

漂萍无定　piāo píng wú dìng：

（浮き草が水に漂うように）不安定な生活の形容

离开故乡以后，他一直过着**漂萍无定**的生活。
Líkāi gùxiāng yǐhòu, tā yìzhí guòzhe **piāo píng wú dìng** de shēnghuó.

漂 piāo

故郷を離れてから、彼はずっと不安定な生活を送っている。

注　"漂 piāo"は［動詞］「漂う」。
類　"流离失所 liú lí shī suǒ"（さすらって身を落ち着かせる所がない）
　　"离乡背井 lí xiāng bèi jǐng"（故郷を離れる）
　　"颠沛流离 diān pèi liú lí"（困窮して流浪の身となる）
　　"浪迹江湖 làng jì jiāng hú"（世間をさすらう）
　　"身似浮萍 shēn sì fú píng"（浮き草のような身）
反　"安居乐业 ān jū lè yè"（落ち着いて生活し、愉快に働く）
　　"故土难离 gù tǔ nán lí"（故郷は離れがたい）

迫不得已　pò bù dé yǐ：やむをえない

迫 pò

我们这样做，也是**迫不得已**。
Wǒmen zhèyàng zuò, yě shì **pò bù dé yǐ**.

我々がこのようにするのも止むを得ない。

類　"无可奈何 wú kě nài hé"（仕方がない）
反　"心甘情愿 xīn gān qíng yuàn"（心から願う）
　　"自觉自愿 zì jué zì yuàn"（自覚し自発的にやる）

前仆后继　qián pū hòu jì：

前の者が倒れたら後の者が継いで行く

仆 pū

几代人**前仆后继**的拼搏，终于开花结果了。
Jǐ dài rén **qián pū hòu jì** de pīnbó, zhōngyú kāi huā jiēguǒ le.

何世代もの人々のたゆまぬ努力がついに報われた。

類　"前赴后继 qián fù hòu jì"（前の者が倒れたら後の者が継いで行く）
反　"临阵脱逃 lín zhèn tuō táo"（出陣間際に脱走する）

铺张浪费 pū zhāng làng fèi：
派手を好み無駄遣いをする

铺　pū

我们一定要杜绝大吃大喝，**铺张浪费**的现象。
Wǒmen yídìng yào dùjué dà chī dà hē, **pū zhāng làng fèi** de xiànxiàng.

我々は飽食や，派手を好み無駄遣いをする現象を必ずや根絶しなければならない。

類 "铺张扬厉 pū zhāng yáng lì"（大げさに見栄を張ること）
反 "省吃俭用 shěng chī jiǎn yòng"（食費を切り詰め，物を節約する
　　"勤俭节约 qín jiǎn jié yuē"（勤勉で節約する）

一暴十寒 yí pù shí hán：三日坊主

暴　pù

要想学好一门外语，**一暴十寒**是不行的。
Yào xiǎng xuéhǎo yì mén wàiyǔ, **yí pù shí hán** shì bùxíng de.

一つの外国語をマスターしたければ，三日坊主ではダメだ。

注 "暴 pù"は"曝"とも，［動詞］「日にさらす」。
類 "三天打鱼，两天晒网 sān tiān dǎ yú, liǎng tiān shài wǎng"（三日坊主）
反 "持之以恒 chí zhī yǐ héng"（根気よく続ける）

无奇不有 wú qí bù yǒu：奇抜なものばかりである

奇　qí

大千世界，**无奇不有**。
Dàqiān shìjiè, **wú qí bù yǒu**.

広大無辺な世界に奇抜なものばかりだ。

類 "千奇百怪 qiān qí bǎi guài"（奇々怪々である）
反 "平淡无奇 píng dàn wú qí"（ありきたりで変哲がない）

呼天抢地 hū tiān qiāng dì：
天に向かって叫び，頭を地に擦り付ける

抢　qiāng

听到儿子因车祸而死的消息，母亲**呼天抢地**，痛不欲生。
Tīngdào érzi yīn chēhuò ér sǐ de xiāoxi, mǔqin **hū tiān qiāng dì**, tòng bú yù shēng.

息子の交通事故死の知らせを聞くや，母親は天に向かって叫び，頭を地に擦り付け，悲痛のあまり生きる気力も失くした。

- 類 "哭天喊地 kū tiān hǎn dì"（泣き叫ぶ）
- 反 "欢天喜地 huān tiān xǐ dì"（狂喜する形容）

牵强附会 qiān qiǎng fù huì：牽強付会（けんきょうふかい）。こじつけ

强 qiǎng

你这种**牵强附会**的主张，大家是不会赞成的。
Nǐ zhè zhǒng **qiān qiǎng fù huì** de zhǔzhāng, dàjiā shì bú huì zànchéng de.

あなたのこの牽強付会の主張に，皆が賛成するはずがない。

- 類 "穿凿附会 chuān záo fù huì"（無理にこじつける）
- 反 "顺理成章 shùn lǐ chéng zhāng"（物事が道理にかなっていること）

金蝉脱壳 jīn chán tuō qiào：
人知れずそっと姿をくらます

壳 qiào

不胜酒量的马部长，借上厕所的机会，**金蝉脱壳**了。
Búshèng jiǔliàng de Mǎ bùzhǎng, jiè shàng cèsuǒ de jīhuì, **jīn chán tuō qiào** le.

お酒に弱い馬部長は，トイレに行く機会を利用し，こっそり抜け出した。

- 類 "溜之大吉 liū zhī dà jí"（こっそり逃げる）
- 反 "插翅难飞 chā chì nán fēi"（羽をつけても逃げられない）

切骨之仇 qiè gǔ zhī chóu：恨み骨髄に徹する

切 qiè

切骨之仇，我一定要报。
Qiè gǔ zhī chóu, wǒ yídìng yào bào.

骨髄に徹する恨みを，私は必ず晴らす。

- 類 "切肤之痛 qiè fū zhī tòng"（身を切られる痛さ）
- 反 "无关痛痒 wú guān tòng yǎng"（痛くも痒くもない）
  "不痛不痒 bú tòng bù yǎng"（「同」）

曲突徙薪 qū tū xǐ xīn：煙突を曲げ薪を遠のける　　**曲** qū

面对金融风险，我们应该**曲突徙薪**。
Miànduì jīnróng fēngxiǎn, wǒmen yīnggāi qū tū xǐ xīn.

金融危機に直面し、我々は危険の発生を未然に防ぐべきだ。

注　"曲 qū"は［動詞］「曲げる」。
類　"防患未然 fáng huàn wèi rán"（災禍を未然に防ぐ）
　　"未雨绸缪 wèi yǔ chóu móu"（雨が降らないうちに窓や戸を修繕する）
反　"临阵磨枪 lín zhèn mó qiāng"（戦いの直前に武器を磨く）
　　"江心补漏 jiāng xīn bǔ lòu"（船が川の真ん中までいってから漏れを繕う）

委曲求全 wěi qū qiú quán：　　**曲** qū
何をしても譲歩して事を丸く収めようとする

老马是个老实人，事事**委曲求全**。
Lǎo Mǎ shì ge lǎoshi rén, shìshì wěi qū qiú quán.

馬さんは大人しい人で，何をしても譲歩して事を丸く収めようとする。

類　"逆来顺受 nì lái shùn shòu"（劣悪な境遇や理不尽な待遇を耐え忍ぶ）
反　"宁折不弯 nìng zhé bù wān"（折れるとも曲がらない）

异曲同工 yì qǔ tóng gōng：　　**曲** qǔ
同工異曲。やり方は異なっても効果は同じである

两位画家的作品，却有**异曲同工**之妙。
Liǎng wèi huàjiā de zuòpǐn, què yǒu yì qǔ tóng gōng zhī miào.

2人の画家の作品は、異なった手法ながら同じように優れている。

注　"曲 qǔ"は［名詞］「曲」。
類　"殊途同归 shū tú tóng guī"（道は違うが行き着く所は同じ）
反　"各行其是 gè xíng qí shì"（各人が思い思いのことをやる）
　　"截然不同 jié rán bù tóng"（全然違う）

塞翁失马 sài wēng shī mǎ：塞翁が馬　　　　　　　　塞 | sài

塞翁失马，安知非福。
Sài wēng shī mǎ, ān zhī fēi fú.
類 "因祸得福 yīn huò dé fú"（災いが幸いの原因となること）
反 "乐极生悲 lè jí shēng bēi"（楽しみ極まりて哀情多し）

塞翁が馬を失くしたが、その災いが福に転じるかもしれません。

一盘散沙 yì pán sǎn shā：ばらばらの砂　　　　　　　散 | sǎn

主任退休以后，车间成了**一盘散沙**。
Zhǔrèn tuìxiū yǐhòu, chējiān chéngle yì pán sǎn shā.
注 "散 sǎn"は［形容詞］「ばらばらの」。
類 "人心涣散 rén xīn huàn sàn"（人心が散漫になる）
反 "众志成城 zhòng zhì chéng chéng"（みんなが心を合わせればどんな困難でも克服できること）
　 "精诚团结 jīng chéng tuán jié"（真心から団結する）

主任が定年してから、工場はまとまりがなくなってしまった。

披头散发 pī tóu sàn fà：髪の毛を振り乱す　　　　　散 | sàn

女孩儿不能**披头散发**的。
Nǚháir bùnéng pī tóu sàn fà de.
注 "散 sàn"は［動詞］「乱す」。
類 "张牙舞爪 zhāng yá wǔ zhǎo"（牙をむき出し、爪を振るう）
　 "青面獠牙 qīng miàn liáo yá"（ものすごい形相の形容）
　 "凶神恶煞 xiōng shén è shà"（鬼のような人）
反 "文质彬彬 wén zhì bīn bīn"（外見の美と実質がよく調和している）

女の子が髪の毛を振り乱すものではない。

89

丧心病狂 sàng xīn bìng kuáng：
理性を失って狂気じみる

丧心病狂的犯人，竟然撕了票。
Sàng xīn bìng kuáng de fànrén, jìngrán sīle piào.

類 "丧尽天良 sàng jìn tiān liáng"（良心をすっかり失う）
"伤天害理 shāng tiān hài lǐ"（極悪非道）

反 "大慈大悲 dà cí dà bēi"（大慈大悲）
"菩萨心肠 pú sà xīn cháng"（やさしい心）

丧　sàng

狂気じみた犯人はなんと人質を殺害してしまった。

有声有色 yǒu shēng yǒu sè：生き生きとしている

老师讲得**有声有色**，同学们都听入迷了。
Lǎoshī jiǎngde yǒu shēng yǒu sè, tóngxuémen dōu tīngrùmí le.

類 "绘声绘色 huì shēng huì sè"（描写が生き生きとして真に迫っている）
反 "枯燥无味 kū zào wú wèi"（無味乾燥である）

色　sè

教師の生き生きとした講義に，学生達はみな引き付けられた。

煞费苦心 shà fèi kǔ xīn：大いに苦心する

为了解决这一难题，大家正在**煞费苦心**地想办法。
Wèile jiějué zhè yì nántí, dàjiā zhèngzài shà fèi kǔ xīn de xiǎng bànfǎ.

類 "用心良苦 yòng xīn liáng kǔ"（苦心が並大抵でない）
反 "无所用心 wú suǒ yòng xīn"（何事にも関心がなく，少しも頭を働かせない）

煞　shà

この難題を解決するため，みんなは苦心して方法を考えている。

积少成多 jī shǎo chéng duō：
少しずつでもためればたくさんになる

积少成多，不到一年，儿子竟攒了一千多块钱。
Jī shǎo chéng duō, bú dào yì nián, érzi jìng zǎnle yìqiān duō kuài qián.

> 少 shǎo
> ちりも積もれば山となる，一年足らずで、息子は千元以上も貯金した。

類 "积土成山 jī tǔ chéng shān"（ちりも積もれば山となる）
"积沙成塔 jī shā chéng tǎ"（「同」）
"积腋成裘 jī yè chéng qiú"（「同」）
"积水成渊 jī shuǐ chéng yuān"（「同」）

反 "坐吃山空 zuò chī shān kōng"（座して食らえば山も空し）

少不更事 shào bù gēng shì：
年が若くて世慣れていない

这孩子**少不更事**，您就原谅他这一次吧。
Zhè háizi shào bù gēng shì, nín jiù yuánliàng tā zhè yí cì ba.

> 少 shào
> この子は未熟で世間知らずなので、どうか今回はお許しください。

類 "年少无知 nián shào wú zhī"（若くて無知である）
"初出茅庐 chū chū máo lú"（初めて世間に出る）

反 "少年老成 shào nián lǎo chéng"（若いわりに円熟している）
"老于世故 lǎo yú shì gù"（世故にたけている）

画蛇添足 huà shé tiān zú：蛇足

你这种做法简直是**画蛇添足**。
Nǐ zhè zhǒng zuòfǎ jiǎnzhí shì huà shé tiān zú.

> 蛇 shé
> あなたのこのやり方はまったく蛇足だ。

類 "弄巧成拙 nòng qiǎo chéng zhuō"（上手にやろうとして逆にしくじる）
"多此一举 duō cǐ yì jǔ"（余計な世話をする）

反 "画龙点睛 huà lóng diǎn jīng"（画竜点睛）
"恰到好处 qià dào hǎo chù"（ちょうどころあいである）

恋恋不舍　liàn liàn bù shě：いつまでも名残惜しい

舍 shě

船已经离岸，芳芳还**恋恋不舍**地站在岸边儿。
Chuán yǐjīng lí àn, Fāngfāng hái **liàn liàn bù shě** de zhànzài ànbiānr.

船はすでに離岸し、芳芳はまだ名残惜しげに岸辺に佇んでいる。

注　"舍 shě"は［動詞］「捨てる。放棄する」。
類　"依依不舍 yī yī bù shě"（別れを惜しむ）
　　"依依惜別 yī yī xī bié"（「同」）
反　"拂袖而去 fú xiù ér qù"（ぷいと立ち去る）
　　"一刀两断 yì dāo liǎng duàn"（一刀両断）

省吃俭用　shěng chī jiǎn yòng：
食費を切り詰め、物を節約する

省 shěng

父母**省吃俭用**地把我送进了大学。
Fùmǔ **shěng chī jiǎn yòng** de bǎ wǒ sòngjìnle dàxué.

両親は食費を切り詰め、倹約して私を大学に入れてくれた。

注　"省 shěng"は［動詞］「節約する」。
類　"节衣缩食 jié yī suō shí"（衣食を切り詰める）
反　"大手大脚 dà shǒu dà jiǎo"（金遣いが荒い）
　　"挥金如土 huī jīn rú tǔ"（金銭を湯水のように使う）
　　"铺张浪费 pū zhāng làng fèi"（見栄を張って浪費する）

盛气凌人　shèng qì líng rén：
おごりたかぶって人を威圧する

盛 shèng

王主任**盛气凌人**的样子，引起了很多人的反感。
Wáng zhǔrèn **shèng qì líng rén** de yàngzi, yǐnqǐle hěn duō rén de fǎngǎn.

王主任のおごりたかぶった態度は多くの人の反感を買った。

注　"盛 shèng"は［形容詞］「盛んである」。
類　"目中无人 mù zhōng wú rén"（眼中に人なし）
反　"平易近人 píng yì jìn rén"（人なつっこくて親しみやすい）
　　"和蔼可亲 hé ǎi kě qīn"（穏やかで親しみやすい）

素不相识 sù bù xiāng shí：一面識もない　　　　　　　　　识　shí

一周前还**素不相识**的两个人，现在竟然成了恋人。
Yì zhōu qián hái **sù bù xiāng shí** de liǎng ge rén, xiànzài jìngrán chéngle liànrén.

一週間前には一面識もなかった二人が，今はなんと恋人になっている。

注 "识 shí"は［動詞］「知っている」。
類 "素昧平生 sù mèi píng shēng"（一面識もない）
反 "似曾相识 sì céng xiāng shí"（かつての知り合いのようだ）

丰衣足食 fēng yī zú shí：
衣食が満ち足りているさま　　　　　　　　　　　　　　食　shí

改革开放后，农民都过上了**丰衣足食**的生活。
Gǎigé kāifàng hòu, nóngmín dōu guòshàngle **fēng yī zú shí** de shēnghuó.

改革開放後，農民はみな衣食に不自由のない生活を送れるようになった。

類 "家给人足 jiā jǐ rén zú"（どの家も人々もみな暮らしが豊かである）
　"人足家给 rén zú jiā jǐ"（「同」）
反 "饥寒交迫 jī hán jiāo pò"（飢えと寒さとが同時に迫る）
　"缺衣少食 quē yī shǎo shí"（着るものも食べるものも不足する）

胸中有数 xiōng zhōng yǒu shù：
胸に成算がある　　　　　　　　　　　　　　　　　　数　shù

你就放心吧，这件事我**胸中有数**。
Nǐ jiù fàngxīn ba, zhè jiàn shì wǒ **xiōng zhōng yǒu shù**.

ご安心ください，このことは私には勝算があります。

類 "胸有成竹 xiōng yǒu chéng zhú"（胸に成竹あり）
　"成竹在胸 chéng zhú zài xiōng"（「同」）
反 "胸中无数 xiōng zhōng wú shù"（自信がない）

率由旧章 shuài yóu jiù zhāng：すべて古い規則に従う

率 shuài

好的传统我们一定要继承，但没必要**率由旧章**。
Hǎo de chuántǒng wǒmen yídìng yào jìchéng, dàn méi bìyào **shuài yóu jiù zhāng**.

良い伝統は，我々は必ず継承するが，すべて古い規則に従う必要はない。

注 "率 shuài" は［指示代詞］「すべての」。
類 "一成不变 yì chéng bú biàn"（永久に変わらないこと）
"墨守成规 mò shǒu chéng guī"（古いしきたりに固執する）
反 "破旧立新 pò jiù lì xīn"（古きを捨てて新しきを打ち立てる）
"推陈出新 tuī chén chū xīn"（古きを退けて新しきを出す）
"标新立异 biāo xīn lì yì"（新しい主張を唱え，異なった意見を表明する）

说一不二 shuō yī bú èr：二言(にごん)はない

说 shuō

王经理是个**说一不二**的人。
Wáng jīnglǐ shì ge **shuō yī bú èr** de rén.

王社長は言ったことは守る人だ。

類 "言而有信 yán ér yǒu xìn"（言うことが信用できる）
反 "言而无信 yán ér wú xìn"（言うことが当てにならない）

如饥似渴 rú jī sì kě：飢えるがごとく渇くがごとし

似 sì

学生们都在**如饥似渴**地读书。
Xuéshengmen dōu zài **rú jī sì kě** de dúshū.

学生達は皆貪るように勉強している。

類 "迫不及待 pò bù jí dài"（待っていられないほど急ぐ）
"急不可待 jí bù kě dài"（一刻も猶予できない）

餐风宿露 cān fēng sù lù：　　　　　　　　　　宿　sù

風を食し、露をしとねとする

野外调查时**餐风宿露**的，大家辛苦了。
Yěwài diàochá shí cān fēng sù lù de, dàjiā xīnkǔ le.

野外調査の時，野宿をしたりして，皆さんお疲れ様でした。

- 注　"风餐露宿 fēng cān lù sù" とも。
- 類　"栉风沐雨 zhì fēng mù yǔ"（雨の日も風の日も奔走し苦労するさま）
- 反　"养尊处优 yǎng zūn chǔ yōu"（悠々と満ち足りた生活をすること）

毛遂自荐 máo suì zì jiàn：自薦する　　　　　遂　suì

马利**毛遂自荐**当上了班长。
Mǎ Lì máo suì zì jiàn dāngshàngle bānzhǎng.

馬利は自薦して班長になった。

- 類　"自告奋勇 zì gào fèn yǒng"（困難や危険な任務を自ら買って出る）
- 反　"让位于贤 ràng wèi yú xián"（賢者に位を譲る）
　　"急流勇退 jí liú yǒng tuì"（（役人などが）最も華やかな時期に決然と引退すること）

脚踏实地 jiǎo tà shí dì：足が地に着いている　　踏　tà

希望你**脚踏实地**地干好自己的工作。
Xīwàng nǐ jiǎo tà shí dì de gànhǎo zìjǐ de gōngzuò.

あなたが着実に自分の仕事をうまくやり遂げることを願っている。

- 注　"踏 tà" は［動詞］「踏む」。
- 類　"兢兢业业 jīng jīng yè yè"（まじめにこつこつと）
- 反　"好高骛远 hào gāo wù yuǎn"（高望みをすること）

对牛弹琴 duì niú tán qín：馬の耳に念仏　　　　弹　tán

和他讲这些简直是**对牛弹琴**。
Hé tā jiǎng zhèxiē jiǎnzhí shì duì niú tán qín.

彼にこんなことを話しても，まったく馬の耳に念仏だ。

- 注　"弹 tán" は［動詞］「弾く」。

[類] "无的放矢 wú dì fàng shǐ"（的なしで矢を射る）
"问道于盲 wèn dào yú máng"（盲人に道を尋ねる）
[反] "有的放矢 yǒu dì fàng shǐ"（的があって矢を放つ）
"对症下药 duì zhèng xià yào"（病状に応じて投薬する）

相提并论 xiāng tí bìng lùn：同列に論じる

提 | tí

小王的水平怎么能和老张**相提并论**呢。
Xiǎo Wáng de shuǐpíng zěnme néng hé Lǎo Zhāng **xiāng tí bìng lùn** ne.

王さんのレベルはとても張さんと同列に論じることができません。

[類] "等量齐观 děng liàng qí guān"（同一視する）
"混为一谈 hùn wéi yì tán"（同列に論じる）
"同日而语 tóng rì ér yǔ"（同日の論である）
[反] "另眼相看 lìng yǎn xiāng kàn"（別の目で見る）
"厚此薄彼 hòu cǐ bó bǐ"（一方を重視し、他方を軽視する）

挑肥拣瘦 tiāo féi jiǎn shòu：

挑 | tiāo

あれこれと選り好みをすること

在私企工作哪能**挑肥拣瘦**的。
Zài sīqǐ gōngzuò nǎ néng **tiāo féi jiǎn shòu** de.

私営企業で働いて、どうしてあれこれと選り好みができよう。

[類] "挑三拣四 tiāo sān jiǎn sì"（あれこれと選り好みをする）
"拈轻怕重 niān qīng pà zhòng"（楽な仕事を選び、骨の折れる仕事を避ける）
[反] "兼容并包 jiān róng bìng bāo"（多くの事柄を包括・包容する）

风调雨顺 fēng tiáo yǔ shùn：

调 | tiáo

天候が非常に順調である

今年**风调雨顺**，一定又是一个丰收年。
Jīnnián **fēng tiáo yǔ shùn**, yídìng yòu shì yí ge fēngshōu nián.

今年は天候が非常に順調で、きっと大豊作の年になる。

- 注 "调 tiáo"は［形容詞］「順調である」。
- 類 "五风十雨 wǔ fēng shí yǔ"（5日毎に風が吹き，10日毎に雨が降る）
- 反 "风雨肆虐 fēng yǔ sì nüè"（風雨が猛威を振るう）

俯首帖耳　fǔ shǒu tiē ěr：きわめて従順なさま　帖　tiē

小王对上司历来是**俯首帖耳**的。
Xiǎo Wáng duì shàngsī lìlái shì **fǔ shǒu tiē ěr** de.

王さんは上司に対していつもきわめて順従だ。

- 注 "俯首贴耳 fǔ shǒu tiē ěr"とも。
- 類 "俯首听命 fǔ shǒu tīng mìng"（おとなしく人の言いつけに従う）
  "唯命是听 wéi mìng shì tīng"（言いなりになってなんでもする）
- 反 "桀骜不驯 jié ào bú xùn"（強情で不遜である）

神通广大　shén tōng guǎng dà：腕前が見事である　通　tōng

张广是个**神通广大**的人。
Zhāng Guǎng shì ge **shén tōng guǎng dà** de rén.

張広は中々のやり手だ。

- 類 "三头六臂 sān tóu liù bì"（非常に優れた能力を持っているたとえ）
- 反 "一无所能 yī wú suǒ néng"（なにもできない）
  "黔驴技穷 qián lú jì qióng"（手の内をすぐに見透かされて物笑いになるたとえ）

同床异梦　tóng chuáng yì mèng：同床異夢　同　tóng

既然要合作，就不能**同床异梦**。
Jìrán yào hézuò, jiù bùnéng **tóng chuáng yì mèng**.

協力する以上，同床異夢であってはならない。

- 類 "貌合神离 mào hé shén lí"（表面は仲良くしているが、内心はしっくりいかないこと）
- 反 "同舟共济 tóng zhōu gòng jì"（同じ船に乗っている人々は互いに助け合う）
  "同心同德 tóng xīn tóng dé"（一心同体である）
  "志同道合 zhì tóng dào hé"（志と信念を同じくする）

出人头地　chū rén tóu dì：一頭地を抜く　　　头 tóu

父母都希望自己的孩子能**出人头地**。
Fùmǔ dōu xīwàng zìjǐ de háizi néng **chū rén tóu dì**.

親はみな自分の子供の出世を願っている。

類　"高人一等 gāo rén yì děng"（人よりも一段優れている）
反　"庸庸碌碌 yōng yōng lù lù"（平々凡々である）
　　"默默无闻 mò mò wú wén"（名前が世に知られていないこと）

吞吞吐吐　tūn tūn tǔ tǔ：口ごもるさま　　　吐 tǔ

有事快说，别**吞吞吐吐**的。
Yǒu shì kuài shuō, bié **tūn tūn tǔ tǔ** de.

用があったらさっさと言ってくれ，言葉を濁さないでくれ。

類　"支支吾吾 zhī zhī wú wú"（言葉を濁す）
　　"欲言又止 yù yán yòu zhǐ"（言いたげに言わない）
反　"一吐为快 yì tǔ wéi kuài"（意中を吐露してさっぱりする）
　　"直言不讳 zhí yán bú huì"（直言してはばからない）

土崩瓦解　tǔ bēng wǎ jiě：瓦解する　　　瓦 wǎ

旧体制已经**土崩瓦解**。
Jiù tǐzhì yǐjīng **tǔ bēng wǎ jiě**.

古い体制はすでに瓦解した。

注　"瓦 wǎ"は［名詞］「瓦」。
類　"分崩离析 fēn bēng lí xī"（分裂瓦解する）
反　"精诚团结 jīng chéng tuán jié"（真心から団結する）

大有作为　dà yǒu zuò wéi：大いにやりがいがある　　　为 wéi

对海归来说，开发区是个**大有作为**的地方。
Duì hǎiguī láishuō, kāifāqū shì ge **dà yǒu zuò wéi** de dìfang.

海外からの帰国者にとって，開発区は大いにやりがいがある場所だ。

反　"碌碌无为 lù lù wú wéi"（平凡で何もしない）
　　"无所作为 wú suǒ zuò wéi"（何もしようとしない）

畏首畏尾 wèi shǒu wèi wěi：あれこれ気兼ねする　　　　　尾　wěi

你这样**畏首畏尾**的，哪能做买卖。
Nǐ zhèyàng wèi shǒu wèi wěi de, nǎ néng zuò mǎimai.

こんなにあれこれ気兼ねしていては，とても商売できまい。

- 類　"瞻前顾后 zhān qián gù hòu"（優柔不断である）
- 反　"无所畏惧 wú suǒ wèi jù"（恐れるものがない）

为虎作伥 wèi hǔ zuò chāng：　　　　　　　　　　　为　wèi

悪人の手先になって悪事を働くたとえ

张虎**为虎作伥**，终于受到了报应。
Zhāng Hǔ wèi hǔ zuò chāng, zhōngyú shòudàole bàoyìng.

张虎は悪人の手先となり，ついに報いを受けた。

- 注　"为 wèi"は［前置詞］「～のため」。
- 類　"为虎傅翼 wèi hǔ fù yì"（虎に翼を付ける）
  "助纣为虐 zhù zhòu wéi nüè"（悪人を助けて悪事を働くこと）
- 反　"锄暴安良 chú bào ān liáng"（暴虐を取り除き，善良な民を安んずる）
  "为民除害 wèi mín chú hài"（人民のために害を除く）

深恶痛绝 shēn wù tòng jué：　　　　　　　　　　　恶　wù

深く憎しみ徹底的に嫌う

他对轻薄的女人一向是**深恶痛绝**的。
Tā duì qīngbó de nǚrén yíxiàng shì shēn wù tòng jué de.

彼は軽薄な女性が大嫌いだ。

- 注　"恶 wù"は［動詞］「嫌う」。次の類例の"恶 è"は［名詞］「悪」。
- 類　"疾恶如仇 jí è rú chóu"（仇のように悪を憎む）
- 反　"爱如珍宝 ài rú zhēn bǎo"（宝物のように愛す）
  "爱之如宝 ài zhī rú bǎo"（「同」）

寡廉鲜耻 guǎ lián xiǎn chǐ：恥知らずである   **鲜** xiǎn

李丙是个**寡廉鲜耻**的人。　　　　　　　　　李丙は恥知らずの人物
Lǐ Bǐng shì ge guǎ lián xiǎn chǐ de rén.　　　である。

注　"鲜 xiǎn" は［形容詞］「少ない」。
類　"厚颜无耻 hòu yán wú chǐ"（厚顔で恥知らず）
　　"恬不知耻 tián bù zhī chǐ"（平然として恥を知らない）
反　"知羞识耻 zhī xiū shí chǐ"（恥を知る）

两相情愿 liǎng xiāng qíng yuàn：両思いである   **相** xiāng

他们相处是**两相情愿**。　　　　　　　　　彼らは両思いの交際を
Tāmen xiāng chǔ shì liǎng xiāng qíng yuàn.　　している。

注　"相 xiāng" は［副詞］「互いに」。
類　"心心相印 xīn xīn xiāng yìn"（心と心が通じ合う）
反　"一相情愿 yì xiāng qíng yuàn"（片思い）

真相大白 zhēn xiàng dà bái：   **相** xiàng
真相がすっかり明らかになる

经过三个月的调查，终于**真相大白**了。　　　３ヶ月の調査を経て，
Jīngguò sān ge yuè de diàochá, zhōngyú zhēn　ついに真相がすっかり
xiàng dà bái le.　　　　　　　　　　　　　　明らかになった。

注　"相 xiàng" は［名詞］「姿」。
類　"水落石出 shuǐ luò shí chū"（水落ちて石出づ）
反　"不明真相 bù míng zhēn xiàng"（真相を知らない）

街谈巷议 jiē tán xiàng yì：世間の取りざた   **巷** xiàng

经理受贿的事，已经是**街谈巷议**，无人不　社長が収賄したこと
晓了。　　　　　　　　　　　　　　　　　　は，すでに世間で取り
Jīnglǐ shòu huì de shì, yǐjīng shì jiē tán xiàng yì,　ざたされており，知ら
　　　　　　　　　　　　　　　　　　　　　ない人はいない。

wú rén bù xiǎo le.

類 "街谈巷说 jiē tán xiàng shuō"（世間の取りざた）
　　"街谈巷语 jiē tán xiàng yǔ"（巷のうわさ）
反 "道路以目 dào lù yǐ mù"（恐れて口には出さず，眼と眼で意を通ずる）

一针见血 yì zhēn jiàn xiě：

血　xiě

短い言葉で急所をずばり言い当てる

王さんは鋭く相手のウソを暴いた。

老王**一针见血**地揭穿了对方的谎言。
Lǎo Wáng **yì zhēn jiàn xiě** de jiēchuānle duìfāng de huǎngyán.
類 "一语道破 yì yǔ dào pò"（ひと言で喝破する）
　　"一语破的 yì yǔ pò dì"（ひと言でずばり問題点を言い当てる）
反 "辞不达意 cí bù dá yì"（舌足らずで意を尽くさない）
　　"不着边际 bù zhuó biān jì"（現実離れしている）

方兴未艾 fāng xīng wèi ài：いままさに発展の最中

兴　xīng

にあって，その勢いがなかなか衰えないこと

改革開放の偉大な事業が今勢いよく盛り上がっている。

改革开放的伟大事业**方兴未艾**。
Gǎigé kāifàng de wěidà shìyè **fāng xīng wèi ài**.
注 "兴 xīng" は [動詞]「興る」。
類 "蒸蒸日上 zhēng zhēng rì shàng"（日に日に向上し発展する）
　　"如日方生 rú rì fāng shēng"（最も盛んな発展段階にあるたとえ）
反 "每况愈下 měi kuàng yù xià"（状況がますます悪くなること）
　　"日薄西山 rì bó xī shān"（日は西山に迫っている）

三思而行 sān sī ér xíng：熟考の上で実行する

行　xíng

結婚は一生の大事なのだから，あなたはよくよく考えるがよい。

结婚是终身大事，你一定要**三思而行**。
Jiéhūn shì zhōngshēn dàshì, nǐ yídìng yào **sān sī ér xíng**.
注 "行 xíng" は [動詞]「行う」。

類　"深思熟虑 shēn sī shú lǜ"（深思熟慮）
反　"轻举妄动 qīng jǔ wàng dòng"（軽挙妄動）
　　"草率从事 cǎo shuài cóng shì"（いい加減にやる）

兴高采烈　xìng gāo cǎi liè：大喜びである

兴　xìng

在**兴高采烈**的欢迎宴会上，大家又唱又跳。
Zài **xìng gāo cǎi liè** de huānyíng yànhuì shàng, dàjiā yòu chàng yòu tiào.

喜びに溢れた歓迎の宴会で、皆が歌ったり踊ったりしている。

注　"兴 xìng"は［名詞］「興味」。
類　"兴致勃勃 xìng zhì bó bó"（興味津々）
反　"兴尽意阑 xìng jìn yì lán"（興味がなくなる）
　　"兴味索然 xìng wèi suǒ rán"（さっぱり面白くない）

削足适履　xuē zú shì lǚ：足を削って靴に合わせる

削　xuē

我们不能**削足适履**，而要随机应变。
Wǒmen bùnéng **xuē zú shì lǚ**, ér yào suí jī yìng biàn.

我々は足を削って靴に合わせてはいけない，臨機応変でなければならない。

類　"生搬硬套 shēng bān yìng tào"（機械的に当てはめる）
反　"看菜吃饭 kàn cài chī fàn"（おかずに合わせて飯を食べる）
　　"量体裁衣 liàng tǐ cái yī"（身体に合わせて服を作る）

血口喷人　xuè kǒu pēn rén：

血　xuè

悪意に満ちた誹謗中傷をする

说话怎么能**血口喷人**呢？
Shuōhuà zěnme néng **xuè kǒu pēn rén** ne?

どうして悪意に満ちた誹謗中傷ができよう。

類　"含血喷人 hán xuè pēn rén"（悪意に満ちた誹謗中傷をする）
　　"恶语中伤 è yǔ zhòng shāng"（悪意を持って中傷する）
　　"恶语伤人 è yǔ shāng rén"（悪口を言って人を侮辱する）
反　"好言好语 hǎo yán hǎo yǔ"（言葉遣いがやさしい）

狼吞虎咽 láng tūn hǔ yàn：
（食事を）大急ぎでかきこむさま

慢慢儿吃，别**狼吞虎咽**的。
Mànmānr chī, bié **láng tūn hǔ yàn** de.

| 咽 | yàn |

ゆっくりお食べなさい、大急ぎでかきこまないことだ。

類 "牛饮鲸吞 niú yǐn jīng tūn"（無茶苦茶に飲み食いをする）
反 "细嚼慢咽 xì jiáo màn yàn"（よくかんでゆっくりのみこむ）

简明扼要 jiǎn míng è yào：
簡潔で要点を押さえている

经理向大家做了**简明扼要**的介绍。
Jīnglǐ xiàng dàjiā zuòle **jiǎn míng è yào** de jièshào.

| 要 | yào |

社長はみんなに簡潔に要点を紹介した。

類 "要言不烦 yào yán bù fán"（言葉が簡潔で少しも煩わしくない）
反 "不得要领 bù dé yào lǐng"（不得要領、わけがわからないこと）

应有尽有 yīng yǒu jìn yǒu：何でもある

各种商品**应有尽有**。
Gè zhǒng shāngpǐn **yīng yǒu jìn yǒu**.

| 应 | yīng |

各種商品がなんでもある。

注 "应 yīng"は［助動詞］「…べきである」。
類 "一应俱全 yì yīng jù quán"（すべてそろっている）
反 "一无所有 yì wú suǒ yǒu"（何もない）

供不应求 gōng bú yìng qiú：供給不足である

这种产品现在**供不应求**。
Zhè zhǒng chǎnpǐn xiànzài **gōng bú yìng qiú**.

| 应 | yìng |

この製品はいま供給不足です。

注 "应 yìng"は［動詞］「応じる」。
類 "僧多粥少 sēng duō zhōu shǎo"（娘一人に婿八人）
　　"粥少僧多 zhōu shǎo sēng duō"（「同」）とも
反 "供过于求 gōng guò yú qiú"（供給過剰）

与人为善 yǔ rén wéi shàn：
人がよいことをするのを助けてやること

| 与 | yǔ |

老王一向**与人为善**，从不伤害人。
Lǎo Wáng yíxiàng **yǔ rén wéi shàn**, cóng bù shānghài rén.

王さんはいつも人助けをして、人を傷つけたりすることはしない。

類　"助人为乐 zhù rén wéi lè"（人に助力することを楽しみとする）
　　"和睦相处 hé mù xiāng chǔ"（仲良く付き合う）
反　"为虎做伥 wèi hǔ zuò chāng"（悪人の手先になって悪事を働くたとえ）
　　"助纣为虐 zhù zhòu wéi nüè"（悪人を助けて悪事を働くこと）

晕头转向 yūn tóu zhuàn xiàng：
頭がくらくらして方向を見失ってしまうこと

| 晕 | yūn |

为了按期交货，王海忙得**晕头转向**。
Wèile ànqī jiāo huò, Wáng Hǎi mángde **yūn tóu zhuàn xiàng**.

時間通りに納品をするため、王海は忙しくて目が回りそうだ。

類　"蒙头转向 mēng tóu zhuàn xiàng"（頭が混乱して訳が分からない）
　　"晕头晕脑 yūn tóu yūn nǎo"（頭がぼうっとする）
反　"心明眼亮 xīn míng yǎn liàng"（洞察力が優れている）
　　"神志清醒 shén zhì qīng xǐng"（意識がはっきりしている）

千载难逢 qiān zǎi nán féng：千載一遇

| 载 | zǎi |

这是个**千载难逢**的好机会。
Zhè shì ge **qiān zǎi nán féng** de hǎo jīhuì.

これは千載一遇のチャンスだ。

注　"载 zǎi"は［名詞］「年」。
類　"千载一时 qiān zǎi yì shí"（千載一遇）
　　"百年不遇 bǎi nián bú yù"（「同」）
反　"司空见惯 sī kōng jiàn guàn"（見慣れてしまうと少しも珍しくない）

载歌载舞 zài gē zài wǔ：歌いながら踊る

市民们**载歌载舞**，庆祝宇航员平安归来。
Shìmínmen zài gē zài wǔ, qìngzhù yǔhángyuán píng'ān guīlái.

載 zài

市民は歌ったり踊ったりして，宇宙飛行士の帰還を祝った。

注　"载 zài"は［副詞］「…しながら…する」。
類　"欢歌起舞 huān gē qǐ wǔ"（嬉しそうに歌い，舞い出す）
反　"如丧考妣 rú sàng kǎo bǐ"（生みの親に死なれたかのよう）

饥不择食 jī bù zé shí：
ひもじければ好き嫌いは言っていられない

择 zé

老张和王丽结婚那是**饥不择食**。
Lǎo Zhāng hé Wáng Lì jiéhūn nà shì jī bù zé shí.

張さんが王麗と結婚したのは焦りからです。

類　"寒不择衣 hán bù zé yī"（寒ければ服を選ばない）
　　"慌不择路 huāng bù zé lù"（慌てれば道を選ばない）
反　"挑三拣四 tiāo sān jiǎn sì"（あれこれと選り好みをする）
　　"精挑细选 jīng tiāo xì xuǎn"（念入りに選ぶ）

胆颤心惊 dǎn zhàn xīn jīng：
あまりの恐ろしさに肝をつぶす

颤 zhàn

那个小偷一见到警察就**胆颤心惊**地溜了。
Nàge xiǎotōu yí jiàndào jǐngchá jiù dǎn zhàn xīn jīng de liū le.

あのこそどろは警察を見るなり恐れおののいて逃げた。

注　"胆战心惊 dǎn zhàn xīn jīng"、
　　"心惊胆战 xīn jīng dǎn zhàn"とも。
類　"心惊肉跳 xīn jīng ròu tiào"（戦々恐々とする）
反　"镇定自若 zhèn dìng zì ruò"（泰然自若としている）

拔苗助长 bá miáo zhù zhǎng：成長を早めよう と苗を引っ張る，その結果失敗するたとえ

在子女教育这一问题上，我们绝不能**拔苗助长**。

Zài zǐnǚ jiàoyù zhè yí wèntíshang, wǒmen jué bùnéng **bá miáo zhù zhǎng**.

注 "揠苗助长 yà miáo zhù zhǎng" とも。
類 "急于求成 jí yú qiú chéng"（成功を焦る）
反 "按部就班 àn bù jiù bān"（一定の順序に従う）

长 zhǎng

子供の教育問題に関して，我々は決して助長するようなことをしてはならない。

水涨船高 shuǐ zhǎng chuán gāo：水位が高くなれば船も高くなる

工资确实长了，可是，**水涨船高**，物价长得更快。

Gōngzī quèshí zhǎng le, kěshì, **shuǐ zhǎng chuán gāo**, wùjià zhǎngde gèng kuài.

類 "泥多佛大 ní duō fó dà"（粘土が多ければ仏像が大きくなる）
反 "无米难炊 wú mǐ nán chuī"（ない袖は振れない）

涨 zhǎng

給料は確かに上がったが，しかし，それに伴って物価の値上がりはもっと速い。

一朝一夕 yì zhāo yì xī：一朝一夕

要想学好一门外语，**一朝一夕**的努力是做不到的。

Yào xiǎng xuéhǎo yì mén wàiyǔ, **yì zhāo yì xī** de nǔlì shì zuòbudào de.

注 "朝 zhāo" は [名詞]「朝」。
類 "一时半刻 yì shí bàn kè"（ほんの短い時間）
　 "弹指之间 tán zhǐ zhī jiān"（瞬く間）
反 "天长日久 tiān cháng rì jiǔ"（長い時間が経つ）

朝 zhāo

一つの外国語をマスターするには，一朝一夕の努力では無理である。

张牙舞爪 zhāng yá wǔ zhǎo：
きばをむき出し、爪を振り回す

爪 zhǎo

大家喝得正兴时，张三的老婆**张牙舞爪**地闯了进来。
Dàjiā hēde zhèng xìng shí, Zhāng Sān de lǎopo **zhāng yá wǔ zhǎo** de chuǎngle jìnlai.

みんなが気分よく飲んでいる時に，张三の女房がすごい剣幕で押し入ってきた。

類 "凶神恶煞 xiōng shén è shà"（鬼のような人）
　　"青面獠牙 qīng miàn liáo yá"（ものすごい形相の形容）
反 "文质彬彬 wén zhì bīn bīn"（文質彬彬，外見の美と実質とがよく調和している）
　　"慈眉善目 cí méi shàn mù"（慈悲深い顔つき）

百折不挠 bǎi zhé bù náo：
何度挫折しても意志を曲げないこと

折 zhé

我们要继承先辈这种**百折不挠**的精神。
Wǒmen yào jìchéng xiānbèi zhè zhǒng **bǎi zhé bù náo** de jīngshén.

我々は先人の不撓不屈の精神を受け継がなければならない。

類 "不屈不挠 bù qū bù náo"（不撓不屈）
反 "知难而退 zhī nán ér tuì"（困難だと知って退く）
　　"一蹶不振 yì jué bú zhèn"（一度くじけるとそれきり振るわない）

对症下药 duì zhèng xià yào：病状に応じて投薬する，情勢を見て対処する

症 zhèng

对这个问题，我们必须**对症下药**。
Duì zhège wèntí, wǒmen bìxū **duì zhèng xià yào**.

この問題について，我々は必ず状況に応じて手を打つ。

類 "有的放矢 yǒu dì fàng shǐ"（的があって矢を放つ）
反 "对牛弹琴 duì niú tán qín"（馬の耳に念仏）
　　"隔靴搔痒 gé xuē sāo yǎng"（隔靴搔痒）

独具只眼 dú jù zhī yǎn：独自の見識をもっていること　　**只** `zhī`

关于这个问题，李部长**独具只眼**。
Guānyú zhège wèntí, Lǐ bùzhǎng **dú jù zhī yǎn**.

この問題に関して，李部長は独自の見解を持っている。

注　"独具慧眼 dú jù huì yǎn"
　　"别具只眼 bié jù zhī yǎn" とも。
反　"人云亦云 rén yún yì yún"（他人の言ったことを受け売りする）
　　"步人后尘 bù rén hòu chén"（尻馬に乗る）

谬种流传 miù zhǒng liú chuán：　　**种** `zhǒng`
間違った言論が流布する

关于这个问题，我们必须澄清事实，以免**谬种流传**。
Guānyú zhège wèntí, wǒmen bìxū chéngqīng shìshí, yǐmiǎn **miù zhǒng liú chuán**.

間違った言論が流布しないように，この問題について我々は事実を明らかにしなければならない。

注　"谬种 miù zhǒng" は [名詞]「間違った言論や学派」。
類　"以讹传讹 yí é chuán é"（間違った伝言をそのまま人に伝える）
反　"千真万确 qiān zhēn wàn què"（確かである）

种瓜得瓜，种豆得豆 zhòng guā dé guā, zhòng dòu dé dòu：
瓜を植えれば瓜がとれ，豆を植えれば豆がとれる。　　**种** `zhòng`
因果応報

俗话说"**种瓜得瓜，种豆得豆**"，只要努力会有结果的。
Súhuà shuō "**zhòng guā dé guā, zhòng dòu dé dòu**", zhǐyào nǔlì huì yǒu jiéguǒ de.

よく言われるように，瓜を植えれば瓜がとれ、豆を植えれば豆がとれ、努力すればきっと結果がでます。

注　"种 zhòng" は [動詞]「種をまく」。
類　"自作自受 zì zuò zì shòu"（自業自得）
　　"咎由自取 jiù yóu zì qǔ"（身から出たさび）
　　"自食其果 zì shí qí guǒ"（自分の行いの結果を自分が受ける）

正中下怀 zhèng zhòng xià huái：
ちょうど思う壺にはまる

中 zhòng

あなたがそうすれば、相手の思う壺だ。

你们这么做**正中**对方的**下怀**。
Nǐmen zhème zuò **zhèng zhòng** duìfāng de **xià huái**.

注　"中 zhòng"は［動詞］「当たる」。
類　"正中其怀 zhèng zhòng qí huái"（ちょうど思う壺にはまる）
反　"大失所望 dà shī suǒ wàng"（大いに失望する）

举足轻重 jǔ zú qīng zhòng：重要な地位にあって一挙手一投足が全局面に影響すること

重 zhòng

この都市では、王主任は全局面を左右する人物だ。

在这个城市，王主任是个**举足轻重**的人物。
Zài zhège chéngshì, Wáng zhǔrèn shì ge **jǔ zú qīng zhòng** de rénwù.

注　"重 zhòng"は［形容詞］「重い」。
類　"至关重要 zhì guān zhòng yào"（極めて重要である）
反　"无足轻重 wú zú qīng zhòng"（重要性をもたない）
　　"无关大局 wú guān dà jú"（大局に影響がない）

顺风转舵 shùn fēng zhuǎn duò：
情勢に従って立場や考えを変える

转 zhuǎn

張三は風見鶏だ。

张三是个**顺风转舵**的人。
Zhāng Sān shì ge **shùn fēng zhuǎn duò** de rén.

注　"随风转舵 suí fēng zhuǎn duò"
　　"顺风使舵 shùn fēng shǐ duò"
　　"见风使舵 jiàn fēng shǐ duò"
　　"看风使舵 kàn fēng shǐ duò"とも。
反　"一成不变 yì chéng bú biàn"（永久に変わらないこと）
　　"一意孤行 yí yì gū xíng"（独断専行）

树碑立传 shù bēi lì zhuàn： 传 zhuàn

人の功績を称揚するため記念碑を立て，伝書を書く

干部不要希求百姓为自己**树碑立传**，不怨声载道就不错了。
Gànbù búyào xīqiú bǎixìng wèi zìjǐ **shù bēi lì zhuàn**, bú yuàn shēng zài dào jiù búcuò le.

幹部は自分のために記念碑を立てるようなことを庶民に求めるものではない，不満の声が巷にあふれなければ，それで十分である。

注 "传 zhuàn" は［名詞］「伝記」。
類 "歌功颂德 gē gōng sòng dé"（功績や人徳をむやみに褒め称える）
反 "怨声载道 yuàn shēng zài dào"（不満の声が巷に満ちている）

着手成春 zhuó shǒu chéng chūn： 着 zhuó

手を触れれば春になる，優れた名医の形容

李时珍是位**着手成春**的医生。
Lǐ Shízhēn shì wèi **zhuó shǒu chéng chūn** de yīshēng.

李時珍は大変優れた医者だ。

類 "妙手成春 miào shǒu chéng chūn"（優れた名医の治療で病気がたちまち治る）
"起死回生 qǐ sǐ huí shēng"（起死回生する）
反 "回天乏术 huí tiān fá shù"（情勢を挽回できないたとえ）
"歪打正着 wāi dǎ zhèng zháo"（まぐれあたり，けがの功名）

以身作则 yǐ shēn zuò zé：身をもって範を示す 作 zuò

各位老工人要**以身作则**带好新工人。
Gèwèi lǎo gōngrén yào **yǐ shēn zuò zé**, dàihǎo xīn gōngrén.

先輩の皆さんは，新人をうまく導かなければならない。

類 "率先垂范 shuài xiān chuí fàn"（率先垂範）
反 "甘居人后 gān jū rén hòu"（人の風下に立つことに甘んじる）

四字成語
マスタードリル

　中国語には大量の成語があり，今日でも中国人の多くは成語を好んで使います。
　成語は中国語学習における語学力判定の試金石のひとつで，上手に使いこなせるか否かが，中級者と上級者との境目とも言えるでしょう。
　具体的には中検準1級が取得できれば，中国語学習も上級レベルに入ったといえるのではないでしょうか。ここでは2009年度，2010年度の中検3級・2級・準1級の筆記問題に出てきた成語をまとめ，分析してみました。
　第67回～72回の3級・2級・準1級の筆記問題に出題された成語の合計数はそれぞれ3語，42語，93語です。準1級は，平均して1回約15語です。2010年に限ってみると，52語が出題され，1回に約17語という計算になります。この統計から上級者の中国語レベルのチェックに成語が一つの目安になっていることが証明されます。
　では，実際の問題に成語がどういう形で出題されているのでしょうか。中検の過去問から抽出した8パターンの例題を次ページに示しましょう。

① 成語の選択問題　　　　　　　　　　　(準1級第72回問題 [1] (9))

一种人霸占别人的座位，居然还摆出 | (9) | 的样子。

空欄(9)を埋めるのに適当なものは，次のどれか。

① 扬长避短　　② 无可奈何　　③ 盛气凌人　　④ 不知所措

[正解] ③ 盛气凌人

② ピンイン表記の問題　　　　　　　　　(2級第69回問題 [4] (4))

下線部(4)气喘吁吁の正しいピンイン表記は，次のどれか。

① qìchuǎixūxū　② qìchuǎiyùyù　③ qìchuǎnxūxū　④ qìchuǎnyùyù

[正解] ③ qìchuǎnxūxū

③ ピンイン表記を漢字に改める問題　　　(準1級第69回問題 [4] (1))

遇到不好的人，那可真是（1）hòuhuàn wúqióng，岂可含糊？

[正解] 后患无穷

④ 成語を完成する選択問題　　　　　　　(2級第69回問題 [1] (6))

这个故事 | (6) | 无奇，唯一巧合的是，两个男孩与父亲的对话。

空欄(6)を埋めるのに適当なものは，次のどれか。

① 常轨　　② 常例　　③ 平白　　④ 平淡

[正解] ④ 平淡

⑤ 成語の意味を問う選択問題　　　　　　(準1級第72回問題 [3] (7))

下線を付した語句の意味に最も近いものを選びなさい。

父母希望她找个门当户对的对象。

① 指家庭条件优越。

② 指对家庭有责任感。

③ 指男女双方住家相距不远，互相了解。

④ 指男女双方家庭的社会地位和经济状况相当。

|正解| ④ 指男女双方家庭的社会地位和经济状况相当。

⑥ 類似表現の問題　　　　　　　　（2級第68回問題 2 (10)）
下線を付した語句の意味に最も近いものを選びなさい。

以前说过的事情<u>不算数</u>了，咱们从现在开始。

① 论功行赏　　② 品头论足　　③ 纪录下来　　④ 承认有效

|正解| ④ 承认有效

⑦ 日文中訳の問題　　　　　　　　（2級第69回問題 5 (5)）
さわやかな秋晴れだった先週の日曜，息子がドライブに連れて行けとせがんだ。

|正解| 上个星期天秋高气爽，儿子央求我们带他去兜风。

⑧ 中文和訳の問題　　　　　　　　（準1級第70回問題 4 (c)）
在电控制的世界中，我无法不依赖电，而又情不自禁地对蜡烛生出无尽的怀念和敬意。

|正解| 電気が支配している世界で，私は電気に頼らないわけにはいかないが，また同時に，思わずろうそくに対して限りない懐かしさと敬意がわいてくる。

チェックのポイントはほかの熟語とほぼ同じで，発音（ピンイン），漢字，意味，使い方が対象となっています。つまり，一つの成語を完璧に使いこなすためには，発音，漢字，意味，使い方をしっかり把握しなければなりません。

成語力アップのために中検2級，準1級の成語問題に沿う形で練習問題を作成しました。是非自分の成語力を試しながら一つでも多くの成語が使いこなせるようになってほしいと願っています。

　　加油！祝大家百尺竿头，更进一步！

1

(1)～(10)の下線部の成語の正しいピンイン表記の答えとして最も適当なものを，それぞれ①～④の中から選びなさい。

(1) 那个人**鬼鬼祟祟**的，你小心点儿。
　① guǐ guǐ cóng cóng　② guǐ guǐ chóng chóng
　③ guǐ guǐ suì suì　　④ guǐ guǐ suī suī

(2) 小王**风度翩翩**的，特受女孩子的喜爱。
　① fēng dù piān piān　② fēng dù pián pián
　③ fēng dù biān biān　④ fēng dù biǎn biǎn

(3) 自超级女声比赛实施以来，许多年轻的歌手**脱颖而出**。
　① tuō yǐng ér chū　　② tuō yǐng ěr chū
　③ tuō jǐng ér chū　　④ tuō jǐng ěr chū

(4) 这次你**千里迢迢**地来看我，真让人过意不去。
　① quān lǐ tiāo tiāo　② qiān lǐ tiáo tiáo
　③ qiān lǐ zhāo zhāo　④ qiān lǐ zháo zháo

(5) 老马工作非常认真，从不**敷衍了事**。
　① fū xíng liǎo shì　　② fū yǎn liǎo shì
　③ fū xíng le shì　　　④ fū yǎn le shì

(6) 新上任的部长工作**兢兢业业**，很快就得到了大家的认可。
　① kè kè yè yè　　　② kē kē yè yè
　③ jǐng jǐng yè yè　　④ jīng jīng yè yè

(7) 评委打分时，必须**不偏不倚**，绝不能徇私。
　① bù piān bù qí　　② bù biǎn bù qí
　③ bù piān bù yǐ　　④ bù biǎn bù yǐ

(8) 听了老王的解释，他才**恍然大悟**。
　① guǎng rán dà wù　② guāng rán dà wù
　③ huǎng rán dà wù　④ huāng rán dà wù

114

(9) 快要高考了，最近王丽每天都在<u>废寝忘食</u>地学习。
① fèi qǐn wàng shí　　② fèi xīn wàng shí
③ fā qǐn wàng shí　　④ fā xīn wàng shí

(10) 在私企工作是不能<u>讨价还价</u>的，否则，就可能被炒鱿鱼。
① tǎo jià hái jià　　② tǎo jià huán jià
③ cūn jià huán jià　　④ cūn jià hái jià

解答と語釈

(1) ❸鬼鬼祟祟 guǐ guǐ suì suì　：陰でこそこそやる。
（あいつは陰でこそこそやるから，気をつけて）
(2) ❶风度翩翩 fēng dù piān piān　：風貌が洒落ていること。
（王君はしゃれているから，特に女の子に人気がある）
(3) ❶脱颖而出 tuō yǐng ér chū　：才能がすべて現れる例え。
（「超級女声」が始まってから，多くの若い歌手が現れた）
(4) ❷千里迢迢 qiān lǐ tiáo tiáo　：千里はるばる。
（この度は遠路はるばる会いに来てくれて，本当に申し訳ない）
(5) ❷敷衍了事 fū yǎn liǎo shì　：いい加減にごまかす。
（馬さんはとても仕事熱心で，いい加減にやるということがない）
(6) ❹兢兢业业 jīng jīng yè yè　：真面目にこつこつと。
（新任の部長は仕事ぶりが真面目で，すぐにみんなに認められた）
(7) ❸不偏不倚 bù piān bù yǐ　：公平である。
（評価委員会が採点するときは公平にすべきで，絶対に私情を入れてはならない）
(8) ❹恍然大悟 huǎng rán dà wù　：はっと悟る。
（王さんの説明を聞き，彼ははっと悟った）
(9) ❶废寝忘食 fèi qǐn wàng shí　：寝食を忘れる。
（もうすぐ大学入試なので，王麗は毎日寝食を忘れて勉強している）
(10) ❷讨价还价 tǎo jià huán jià　：駆け引きをする。
（私企業で仕事上の駆け引きをすれば，すぐクビになってしまう）

2

(1)～(10)の文章を読み，ピンインで表記されている語句を漢字に改めなさい。

(1) 最近，小张失恋了，整天 yù yù guǎ huān 的。

(2) 我对俄语 yí qiào bù tōng。

(3) 护士小李对患者非常和气，每天都是 xiào róng kě jū 的。

(4) 经过半年的艰苦拼搏，李芳终于 rú yuàn yǐ cháng，考上了医科大学。

(5) 农村出身的王莹对一些同学的 lěng cháo rè fěng 从不介意。

(6) 老牛在工地干了一年，工资却没拿到手，整天 yōu xīn chóng chóng 的。

(7) 一对 jìn zài zhǐ chǐ 的恋人，却无法见面，真是咫尺天涯啊。

(8) 打完最后一份资料时，她已经是 jī cháng lù lù 了。

(9) 赵云飞特别适合做推销员，每次客户提的问题，他都回答得 dī shuǐ bú lòu。

(10) 落水的小偷在 shēng sī lì jié 地喊着："救命啊！救命啊！"

(1) _____ (2) _____

(3) _____ (4) _____

(5) _____ (6) _____

(7) _____ (8) _____

(9) _____ (10) _____

解答と語釈

(1) 郁郁寡欢 yù yù guǎ huān ：うつうつとしている。
 (張さんは最近失恋して一日中うつうつとしている)

(2) 一窍不通 yí qiào bù tōng ：ずぶの素人である。
 (ロシア語はずぶのしろうとだ)

(3) 笑容可掬 xiào róng kě jū ：笑顔が晴れやかである。
 (李看護士は患者にやさしく、毎日晴れやかな笑顔である)

(4) 如愿以偿 rú yuàn yǐ cháng ：願いがかなえられる。
 (半年間の苦闘の末に、李芳は念願かなって医大に合格した)

(5) 冷嘲热讽 lěng cháo rè fěng ：皮肉ったり、あてこすったりする。
 (農村出身の王蛍は一部の同級生の皮肉を意に介さなかった)

(6) 忧心忡忡 yōu xīn chóng chóng ：心配で気が気でない。
 (牛さんは工事現場で1年間働いたが、賃金はまだもらっておらず、1日中心配でたまらない)

(7) 近在咫尺 jìn zài zhǐ chǐ ：すぐそこにある。
 (すぐ近くにいるカップルが会えないのは、まさに距離が近くても果てしなく遠いということだ)

(8) 饥肠辘辘 jī cháng lù lù ：空腹でお腹がぐうぐう鳴る。
 (最後のデータを入力し終った時、彼女は空腹でお腹がぐうぐう鳴っていた)

(9) 滴水不漏 dī shuǐ bú lòu ：話が緻密で隙がない。
 (趙雲飛はとてもセールスマンに向いていて、お客が問題を持ってくるたびに如才なく答えている)

(10) 声嘶力竭 shēng sī lì jié ：声をからし、力を出し尽くす。
 (川に落ちたこそ泥は、声を限りに「助けて、助けて」と叫んでいる)

3

(1)～(10)の文章の下線部を埋めるのに最も適当な成語を，それぞれ①～④の中から1つ選びなさい。

(1) 大家_____地说："好！"
　　① 一丝不苟　② 异口同声　③ 一往情深　④ 异曲同工

(2) 玉兰的打扮真是_____啊！
　　① 别有用心　② 别具匠心　③ 别具一格　④ 别开生面

(3) 小华这次高考又_____了。
　　① 明眸皓齿　② 明日黄花　③ 明知故犯　④ 名落孙山

(4) 他这种想法也是_____的。
　　① 无可厚非　② 无恶不作　③ 无可置疑　④ 无可奈何

(5) 小杨整天_____的，不干实事，大家都讨厌他。
　　① 炙手可热　② 指桑骂槐　③ 志同道合　④ 指手划脚

(6) 上课时不许_____的，必须得注意听讲。
　　① 东躲西藏　② 东张西望　③ 东窗事发　④ 东倒西歪

(7) 说话做事要讲信用，绝不能_____。
　　① 卓尔不群　② 出类拔萃　③ 出乎意料　④ 出尔反尔

(8) 我们这样做，实在是_____啊。
　　① 迫不得已　② 迫不及待　③ 破釜沉舟　④ 迫在眉睫

(9) 教室里_____。
　　① 哑口无言　② 鸦雀无声　③ 揠苗助长　④ 睚眦必报

(10) 爷爷已经年纪大了，但是，_____的事情他一定要自己做。
　　① 力不从心　② 里所当然　③ 力所能及　④ 礼尚往来

解答と語釈

(1) ❷ 异口同声 yì kǒu tóng shēng ：異口同音。
(みんなは異口同音に「好！」と言った)

(2) ❷ 别具匠心 bié jù jiàng xīn ：創意に満ちている。
(玉蘭の格好は本当にユニークだ)

(3) ❹ 名落孙山 míng luò sūn shān ：試験に落第する。
(小華は今度の大学入試にまた落ちた)

(4) ❶ 无可厚非 wú kě hòu fēi ：過度に非難すべきほどでもない。
(この種の考え方もまた過度に非難すべきほどでもない)

(5) ❹ 指手划脚 zhǐ shǒu huà jiǎo ：あれこれと人のあら探しや批評をするさま。
(楊さんは1日中人のあら探しばかりで仕事をせず、みんなの嫌われ者だ)

(6) ❷ 东张西望 dōng zhāng xī wàng ：きょろきょろ見回す。
(授業中はきょろきょろせず、注意して授業を聞かなければならない)

(7) ❹ 出尔反尔 chū ěr fǎn ěr ：言行が一致しないこと。
(有言実行して信用されるのだから、言行不一致はいけない)

(8) ❶ 迫不得已 pò bù dé yǐ ：やむを得ない。
(わたしたちはこうそるしかない)

(9) ❷ 鸦雀无声 yā què wú shēng ：しんと静まりかえっているさま。
(教室はしんと静まりかえっている)

(10) ❸ 力所能及 lì suǒ néng jí ：自分の能力に相応する。
(祖父は年をとっているが、自分のできることは必ず自分でしている)

4 (1)～(10)の各文の下線を付した語句の意味に最も近い成語を，それぞれ①～④の中から1つ選びなさい。

(1) 老赵是只<u>铁公鸡</u>，想让他请客比登天还难。
　　① 一毛不拔　② 一尘不染　③ 一本万利　④ 一干二净

(2) 这个人就会<u>拍马屁</u>。
　　① 马到成功　② 溜须拍马　③ 犬马之劳　④ 快马加鞭

(3) 喜欢<u>吹牛皮</u>的人能把针说成棒，最令人讨厌。
　　① 大张旗鼓　② 大手大脚　③ 吹毛求疵　④ 大吹大擂

(4) 这两年公司不景气，上个月底，小王被<u>炒鱿鱼</u>了。
　　① 精兵简政　② 鱼龙混杂　③ 精雕细刻　④ 鱼目混珠

(5) 李三是个<u>笑面虎</u>，你千万不要上他的当。
　　① 笑里藏刀　② 笑逐颜开　③ 贻笑大方　④ 破涕为笑

(6) 老师不在，教室成了<u>一窝峰</u>。
　　① 乱七八糟　② 有条不紊　③ 井井有条　④ 整整齐齐

(7) 那个人一见到上级领导，就成了<u>哈巴狗</u>。
　　① 兔死狗烹　② 鸡鸣狗盗　③ 摇尾乞怜　④ 狼心狗肺

(8) 个体经营户也有很多难言之隐，比如常常被人<u>敲竹杠</u>。
　　① 敲锣打鼓　② 零敲碎打　③ 旁敲侧击　④ 敲诈勒索

(9) 努力学文化，不当<u>睁眼瞎</u>。
　　① 目不识丁　② 目不转睛　③ 另眼相看　④ 望眼欲穿

(10) 你有事儿，就直说吧，别再跟我<u>兜圈子</u>了。
　　① 开门见山　② 拐弯抹角　③ 单刀直入　④ 开诚布公

解答と語釈

(1) ❶一毛不拔 yì máo bù bá ：ひどくけちである。
(趙さんはすごいケチで、おごらせることは天に昇るより難しい)

(2) ❷溜须拍马 liū xū pāi mǎ ：人の機嫌を取り、おべっかを使う。
(この人はごますりだ)

(3) ❹大吹大擂 dà chuī dà lěi ：大ぼらを吹く。
(ほら吹きが好きな人は針小棒大に言い、人に嫌われる)

(4) ❶精兵简政 jīng bīng jiǎn zhèng ：人員を減らし、機構を簡素化する。
(この2年間会社が不景気で、先月末、王さんはクビになった)

(5) ❶笑里藏刀 xiào lǐ cáng dāo ：笑いの中に剣が隠されている。
(李三はうわべはいいが心は陰険だから、絶対だまされるな)

(6) ❶乱七八糟 luàn qī bā zāo ：めちゃくちゃである。
(先生がいなくて、教室はハチの巣をつついた騒ぎだ)

(7) ❸摇尾乞怜 yáo wěi qǐ lián ：こびへつらって人に取り入るさま。
(あの人は上級管理職に会うと、家来の犬になる)

(8) ❹敲诈勒索 qiāo zhà lè suǒ ：金を巻き上げる。
(たびたび金を巻き上げられたり、個人事業者にも人には言えない苦労がある)

(9) ❶目不识丁 mù bù shí dīng ：一つも字を知らない。
(がんばって勉強して、字を知らないということがないように)

(10) ❷拐弯抹角 guǎi wān mò jiǎo ：話が遠回しである。
(もし何かあればはっきり言いなさい。遠回しに言わないで)

5 (1)～(10)の空欄を埋めるのに最も適当なものを，それぞれ①～④の中から選びなさい。

(1) 现在大学毕业生_____，有的毕了业也找不到工作。
　　① 凤毛麟角　② 多如牛毛　③ 稀世珍宝　④ 百里挑一

(2) 小王是个讲信用，_____的人，你应该相信他。
　　① 心口不一　② 口是心非　③ 言不由衷　④ 心口如一

(3) 大学一毕业，他们俩就分道扬镳，_____了。
　　① 各奔前程　② 依依不舍　③ 难舍难分　④ 恋恋不舍

(4) 我的技术全都是师傅教的，哪敢在他面前_____。
　　① 两面三刀　② 笑里藏刀　③ 班门弄斧　④ 大刀阔斧

(5) 马三是个喜新厌旧、_____的人，三十刚出头儿，已经离了三次婚了。
　　① 见异思迁　② 持之以恒　③ 忠贞不贰　④ 尽善尽美

(6) 一对儿相亲相爱的恋人，一个到了美国，一个留在了国内，过着_____的生活。
　　① 一日千里　② 光阴似箭　③ 年复一年　④ 度日如年

(7) 解决三农问题是燃眉之急，_____。
　　① 欣喜若狂　② 刻不容缓　③ 言过其实　④ 语重心长

(8) 奔小康就是要让劳动人民都过上_____的幸福生活。
　　① 史无前例　② 饥寒交迫　③ 水深火热　④ 丰衣足食

(9) 在中国《西游记》可谓是家喻户晓、_____。
　　① 一知半解　② 略知一二　③ 妇孺皆知　④ 温故知新

(10) 拿来主义就是要学习别人的长处，把别人的优点_____。
　　① 据为己有　② 有理有据　③ 有根有据　④ 据理力争

解答と語釈

(1) ❷ 多如牛毛 duō rú niú máo ：無数である。
(今は大学卒業生は数えきれないほどいて，就職できない者もいる)

(2) ❹ 心口如一 xīn kǒu rú yī ：裏表がない。
(王さんは信用できる人で，裏表がないから，信じるべきだ)

(3) ❶ 各奔前程 gè bèn qián chéng ：それぞれ自分の道を行く。
(大学を卒業すると，彼ら二人は選んだ目標に向かって前進し，それぞれ自分の道を行った)

(4) ❸ 班门弄斧 bān mén nòng fǔ ：専門家の前で腕前を目せびらかそうとする。
(私の技術は全部師匠から伝えられたものだから，彼の前で腕前を見せびらかすなんてできない)

(5) ❶ 见异思迁 jiàn yì sī qiān ：気が変わりやすい。
(馬三は新しもの好きで気が変わりやすく，30歳を過ぎたばかりなのにもう3回離婚している)

(6) ❹ 度日如年 dù rì rú nián ：1日が1年のように長くてつらいこと。
(相思相愛の恋人の一人はアメリカへ行き，一人は国内に留まり，1日が長く感じられる生活を過ごしている)

(7) ❷ 刻不容缓 kè bù róng huǎn ：一刻の猶予もない。
(三農〈農業，農村，農民〉問題の解決は焦眉の急で，一刻の猶予もない)

(8) ❹ 丰衣足食 fēng yī zú shí ：衣食が満ち足りていること。
(「奔小康」とは労働人民に衣食足りた幸せな生活を送らせるようにすることである)

(9) ❸ 妇孺皆知 fù rú jiē zhī ：皆が知っている。
(『西遊記』は中国では誰でも，みんなが知っているといえる)

(10) ❶ 据为己有 jù wéi jǐ yǒu ：他人の物を自分の物にする。
(いいとこ取り主義とは他人の長所を学んで，他人のいいところを自分のものにするということだ)

6

(1)～(10)の空欄を埋めるのに適当ではないものを，それぞれ①～④の中から1つ選びなさい。

(1) 最近觉得很累，各种事情_____。
① 接二连三　② 石沉大海　③ 接连不断　④ 接踵而来

(2) 一些商人_____，轻视消费者的利益，已成为社会问题。
① 利欲熏心　② 唯利是图　③ 见利忘义　④ 欲盖弥彰

(3) 听到停飞的消息后，乘客们_____得不知如何是好。
① 镇定自若　② 张皇失措　③ 手足无措　④ 惊慌失措

(4) 老师正在_____地看书，连我敲门的声音都没听到。
① 全神贯注　② 聚精会神　③ 漫不经心　④ 专心致志

(5) 你这样做简直是_____，大家是不会赞成的。
① 画蛇添足　② 鬼斧神工　③ 多此一举　④ 弄巧成拙

(6) 这件事对我来说实在是_____。
① 力不从心　② 力所不及　③ 力不能支　④ 易如反掌

(7) 在我们班里李锋的成绩可谓是_____，将来肯定能考上名牌大学。
① 微不足道　② 鹤立鸡群　③ 出类拔萃　④ 超群绝伦

(8) 小王人品非常好，对自己的女朋友一直是_____的。
① 一心一意　② 三心二意　③ 全心全意　④ 真心实意

(9) 张总经理非常重视自己的信誉，所以，无论办什么事都_____。
① 说一不二　② 一言为定　③ 言而有信　④ 人云亦云

(10) _____的北京王府井大街迷住了无数的游客。
① 车水马龙　② 门庭若市　③ 门庭冷落　④ 熙熙攘攘

解答と語釈

(1) ❷石沉大海 shí chéng dà hǎi ：梨のつぶて。
　　（次々にいろいろなことがあり，最近疲れる）

(2) ❹欲盖弥彰 yù gài mí zhāng ：悪いことは隠せば隠すほど出る。
　　（一部の商人が私利私欲に走り，消費者の利益を軽視していることは，すでに社会問題になっている）

(3) ❶镇定自若 zhèn dìng zì ruò ：泰然自若としている。
　　（フライト取り消しのニュースを聞いて，乗客たちはあわてふためいて，どうしていいのか分からなかった）

(4) ❸漫不经心 màn bù jīng xīn ：ちっとも注意を払わない。
　　（先生は精神を集中して本を読んでおり，わたしが門を叩いた音も聞こえない）

(5) ❷鬼斧神工 guǐ fǔ shén gōng ：人間のわざと思えない。
　　（こんなことはまったく余計なことだ，みんな賛成しないだろう）

(6) ❹易如反掌 yì rú fǎn zhǎng ：手のひらを返すように容易である。
　　（この件はわたしでは力不足です）

(7) ❶微不足道 wēi bù zú dào ：小さくて取るに足りない。
　　（うちのクラスの李鋒の成績は群を抜いていて，将来は有名大学に合格するに違いない）

(8) ❷三心二意 sān xīn èr yì ：優柔不断。
　　（王さんは人柄がよく，自分のガールフレンドにも一途である）

(9) ❹人云亦云 rén yún yì yún ：他人の言ったことを受け売りする。
　　（張社長は自分の名誉を大変重んじており，どんなことでも約束を守る）

(10) ❸门庭冷落 mén tíng lěng luò ：門前に閑古鳥が鳴く。
　　（往来の盛んな北京の王府井大街は多くの観光客を引きつける）

7 (1)～(10)の文章を日本語に訳しなさい。

(1) 做事要善始善终，不能虎头蛇尾。

(2) 这份合同好像天衣无缝，但是，仔细看的话就会发现漏洞百出。

(3) 学生一定要珍惜时光，因为机不可失，时不再来。

(4) 考试时，一定要审好题，千万不能粗心大意。

(5) 老范对待工作一直是任劳任怨，从不挑三拣四的。

(6) 上课时要认真听讲，不许交头接耳，更不许对异性挤眉弄眼。

(7) 既然是夫妻，就应该有福同享，有祸同当。

(8) 没想到往日情投意合的朋友，现在竟成了势不两立的情敌。

(9) 世界上十全十美的事是很少见的，美中不足的事倒是比比皆是。

(10) 抓安全不能亡羊补牢，必须得防患未然。

解答と語釈

(1) ものごとは終始をまっとうすべきで，竜頭蛇尾ではいけない。
　　（善始善終　shàn shǐ shàn zhōng　終始をまっとうする）
　　（虎头蛇尾　hǔ tóu shé wěi　竜頭蛇尾）

(2) この契約は水ももらさぬようだが，細かく見ると抜け穴が見つかるだろう。
　　（天衣无缝　tiān yī wú fèng　天女の衣には縫い目がない → すきがなく完全である）
　　（漏洞百出　lòu dòng bǎi chū　すきだらけ，抜け穴だらけ）

(3) 機会は逃がしたら戻ってこないのだから，学生は時間を大切にしなければいけない。
　　（机不可失，时不再来　jī bù kě shī, shí bú zài lái　機会を逃がしたら戻ってこない）

(4) 試験では問題をよく読み，うかつなことは絶対してはならない。
　　（粗心大意　cū xīn dà yì　うかつである）

(5) 範さんは仕事に対して一貫して労苦をいとわず，これまであれこれとえり好みをしたことはない。
　　（任劳任怨　rèn láo rèn yuàn　苦労をいとわない）
　　（挑三拣四　tiāo sān jiǎn sì　あれこれとえり好みをする）

(6) 授業は真剣に聞くこと。私語はいけないし，異性に目くばせをすることはもっと許されない。
　　（交头接耳　jiāo tóu jiē ěr　ひそひそ話をする）
　　（挤眉弄眼　jǐ méi nòng yǎn　眉をひそめて目くばせする）

(7) 夫婦である以上，禍福を共にしなければならない。
　　（有福同享,有祸同当　yǒu fú tóng xiǎng, yǒu huò tóng dāng　禍福を共にする）

(8) 昔，意気投合した友だちが，今では敵対する恋のライバルになるとは思いもよらなかった。
　　（情投意合　qíng tóu yì hé　意気投合する）
　　（势不两立　shì bù liǎng lì　〈敵対する者が〉両立できない）

(9) 世界には完全無欠のものは珍しい，玉にキズのあるものばかりである。
　　（十全十美　shí quán shí měi　完全無欠である）

(美中不足 měi zhōng bù zú 玉にきず)
(比比皆是 bǐ bǐ jiē shì 至るところみなそうである)
(10) 安全を守るには事後の補強ではだめで，未然の事故防止が必要だ。
(亡羊补牢 wáng yáng bǔ láo ヒツジに逃げられてから檻の修繕をする → 事後の補強をする)
(防患未然 fáng huàn wèi rán 事故や災害を未然に防止する)

参考 ドリル3〜6の選択肢で正解以外の成語にピンインと日本語訳をつけました。併せて覚えましょう！

3

(1) ① 一丝不苟 yì sī bù gǒu ：少しもいい加減にはしない。
　　③ 一往情深 yì wǎng qíng shēn ：ぞっこんほれ込む。
　　④ 异曲同工 yì qǔ tóng gōng ：同工異曲。

(2) ① 别有用心 bié yǒu yòng xīn ：下心がある。
　　③ 别具一格 bié jù yì gé ：独特の風格がある。
　　④ 别开生面 bié kāi shēng miàn ：新境地を開く。

(3) ① 明眸皓齿 míng móu hào chǐ ：輝くひとみと白く美しい歯。
　　② 明日黄花 míng rì huáng huā ：十日の菊。
　　③ 明知故犯 míng zhī gù fàn ：悪いと知りつつわざとする。

(4) ② 无恶不作 wú è bú zuò ：悪事の限りを尽くす。
　　③ 无可置疑 wú kě zhì yí ：疑いをさしはさむ余地がない。
　　④ 无可奈何 wú kě nài hé ：どうしようもない。

(5) ① 炙手可热 zhì shǒu kě rè ：飛ぶ鳥をも落とす勢い。
　　② 指桑骂槐 zhǐ sāng mà huái ：あてこすりを言う。
　　③ 志同道合 zhì tóng dào hé ：志が同じ。

(6) ① 东躲西藏 dōng duǒ xī cáng ：あちこち逃げ隠れる。
　　③ 东窗事发 dōng chuāng shì fā ：悪事が露顕する。
　　④ 东倒西歪 dōng dǎo xī wāi ：いろいろな方向に倒れたり傾いたりしているさま。

(7)	① 卓尔不群 zhuō ěr bù qún	:卓越してたぐいがない。
	② 出类拔萃 chū lèi bá cuì	:抜群である，ずばぬけている。
	③ 出乎意料 chū hū yì liào	:思いのほか。
(8)	② 迫不及待 pò bù jí dài	:待っていられないほど急ぐ。
	③ 破釜沉舟 pò fǔ chén zhōu	:鍋を壊し船を沈める，背水の陣を敷く。
	④ 迫在眉睫 pò zài méi jié	:目の前に迫っている。
(9)	① 哑口无言 yǎ kǒu wú yán	:答えに詰まって言うべき言葉がない。
	③ 揠苗助长 yà miáo zhù zhǎng	:苗を引っ張って伸ばす，助長する。
	④ 睚眦必报 yá zì bì bào	:わずかな遺恨でも必ず仕返しをする。
(10)	① 力不从心 lì bù cóng xīn	:意余って力足らず。
	② 理所当然 lǐ suǒ dāng rán	:理の当然である。
	④ 礼尚往来 lǐ shàng wǎng lái	:礼を受ければ礼を返さねばならない。

4

(1)	② 一尘不染 yì chén bù rǎn	:非常に清潔でちりひとつない。
	③ 一本万利 yì běn wàn lì	:わずかな資本で巨利を占める。
	④ 一干二净 yì gān èr jìng	:たいへんきれいである，きれいさっぱり。
(2)	① 马到成功 mǎ dào chéng gōng	:着手すればたちどころに成功する。
	③ 犬马之劳 quǎn mǎ zhī láo	:犬馬の労をとる。
	④ 快马加鞭 kuài mǎ jiā biān	:早馬に鞭を当てる。
(3)	① 大张旗鼓 dà zhāng qí gǔ	:大がかりに，鳴り物入りで。
	② 大手大脚 dà shǒu dà jiǎo	:金遣いが荒い。
	③ 吹毛求疵 chuī máo qiú cī	:あら捜しをする。
(4)	② 鱼龙混杂 yú lóng hùn zái	:玉石混交。
	③ 精雕细刻 jīng diāo xì kè	:腕によりをかけて仕上げる。

	④ 鱼目混珠 yú mù hùn zhū	：偽物を本物の中に入れて人をごまかす。

(5) ② 笑逐颜开 xiào zhú yán kāi　：満面に笑みをたたえる。
　　③ 贻笑大方 yí xiào dà fāng　：その道の専門家の物笑いになる。
　　④ 破涕为笑 pò tì wéi xiào　：泣き顔が笑顔に変わる。

(6) ② 有条不紊 yǒu tiáo bù wě　：筋道が立っていて乱れたところがない。
　　③ 井井有条 jǐng jǐng yǒu tiáo　：整然と秩序立っている。
　　④ 整整齐齐 zhěng zhěng qí qí　：整然としている。

(7) ① 兔死狗烹 tù sǐ gǒu pēng　：ウサギが死ねば猟犬は煮て食われてしまう。
　　② 鸡鸣狗盗 jī míng gǒu dào　：げすっぽい才能や特技を持っている人。
　　④ 狼心狗肺 láng xīn gǒu fèi　：残忍非道な心。

(8) ① 敲锣打鼓 qiāo luó dǎ gǔ　：どらや太鼓を鳴らす，鳴り物入りで。
　　② 零敲碎打 líng qiāo suì dǎ　：少しずつとぎれとぎれにする。
　　③ 旁敲侧击 páng qiāo cè jī　：それとなくほのめかす，あてこする。

(9) ② 目不转睛 mù bù zhuǎn jīng　：目を凝らす。
　　③ 另眼相看 lìng yǎn xiāng kàn　：別の目でみる。
　　④ 望眼欲穿 wàng yǎn yù chuān　：待ちこがれる。

(10) ① 开门见山 kāi mén jiàn shān　：ずばりと本題に入る。
　　③ 单刀直入 dān dāo zhí rù　：単刀直入である。
　　④ 开诚布公 kāi chéng bù gōng　：私心をはさまないで誠意を示す。

5

(1) ① 凤毛麟角 fèng máo lín jiǎo　：きわめて得難い人や物。
　　③ 稀世珍宝 xī shì zhēn bǎo　：世にも珍しい宝物。
　　④ 百里挑一 bǎi lǐ tiāo yī　：えりぬきの。

(2) ① 心口不一 xīn kǒu bù yī　：考えることと言うことが一致しない。

	② 口是心非 kǒu shì xīn fēi	：言うことと考えていることが裏腹である。
	③ 言不由衷 yán bù yóu zhōng	：心にもないことを言う。
(3)	② 依依不舍 yī yī bù shě	：別れを惜しむ。
	③ 难舍难分 nán shě nán fēn	：離れがたい。
	④ 恋恋不舍 liàn liàn bù shě	：名残惜しくて別れたくないさま。
(4)	① 两面三刀 liǎng miàn sān dāo	：二股かけたやりくち。
	② 笑里藏刀 xiào lǐ cáng dāo	：笑いの中に剣が隠されている。
	④ 大刀阔斧 dà dāo kuò fǔ	：大なたをふるう。
(5)	② 持之以恒 chí zhī yǐ héng	：根気よく続ける。
	③ 忠贞不贰 zhōng zhēn bú èr	：義を守って変節しない。
	④ 尽善尽美 jìn shàn jìn měi	：非の打ちどころがない。
(6)	① 一日千里 yí rì qiān lǐ	：進行または進歩の非常に早いこと。
	② 光阴似箭 guāng yīn sì jiàn	：光陰矢のごとし。
	③ 年复一年 nián fù yì nián	：くる年もくる年も。
(7)	① 欣喜若狂 xīn xǐ ruò kuáng	：狂喜する。
	③ 言过其实 yán guò qí shí	：大げさに言う。
	④ 语重心长 yǔ zhòng xīn cháng	：言葉が懇ろで思いやりが深い。
(8)	① 史无前例 shǐ wú qián lì	：歴史に前例がない。
	② 饥寒交迫 jī hán jiāo pò	：飢えと寒さとが同時に迫る。
	③ 水深火热 shuǐ shēn huǒ rè	：深みにはまり火に焼かれる。
(9)	① 一知半解 yì zhī bàn jiě	：生かじり。
	② 略知一二 luè zhī yī èr	：多少は知っている。
	④ 温故知新 wēn gù zhī xīn	：古きをたずねて新しきを知る，温故知新。
(10)	② 有理有据 yǒu lǐ yǒu jù	：道理があって根拠もある。
	③ 有根有据 yǒu gēn yǒu jù	：確かな根拠がある。
	④ 据理力争 jù lǐ lì zhēng	：筋の立ったことをおしとおす。

6

(1) ① 接二连三 jiē èr lián sān ：次から次へと。
　　③ 接连不断 jiē lián bú duàn ：ひっきりなしに。
　　④ 接踵而来 jiē zhǒng ér lái ：次から次へとやって来る。

(2) ① 利欲熏心 lì yù xūn xīn ：利益や欲望に目がくらむ。
　　② 唯利是图 wéi lì shì tú ：利益のみを追求する。
　　③ 见利忘义 jiàn lì wàng yì ：利益に目がくらんで正義を忘れる。

(3) ② 张皇失措 zhāng huáng shī cuò ：周章狼狽する。
　　③ 手足无措 shǒu zú wú cuò ：どうしてよいかわからなくなる。
　　④ 惊慌失措 jīng huāng shī cuò ：驚いて度を失う。

(4) ① 全神贯注 quán shén guàn zhù ：一心不乱になる。
　　② 聚精会神 jù jīng huì shén ：精神を集中する。
　　④ 专心致志 zhuān xīn zhì zhì ：一意専心。

(5) ① 画蛇添足 huà shé tiān zú ：蛇足を加える。
　　③ 多此一举 duō cǐ yì jǔ ：よけいなことをする。
　　④ 弄巧成拙 nòng qiǎo chéng zhuó ：上手にやろうとしてかえってしくじること。

(6) ① 力不从心 lì bù cóng xīn ：意余って力足らず。
　　② 力所不及 lì suǒ bù jí ：力が及ばない。
　　③ 力不胜任 lì bú shèng rèn ：能力がその任に堪えない。

(7) ② 鹤立鸡群 hè lì jī qún ：鶏群の一鶴。
　　③ 出类拔萃 chū lèi bá cuì ：抜群である，ずばぬけている。
　　④ 超群绝伦 chāo qún jué lún ：ずばぬけて卓越している。

(8) ① 一心一意 yì xīn yí yì ：一意専心，一途に。
　　③ 全心全意 quán xīn quán yì ：全身全霊。
　　④ 真心实意 zhēn xīn shí yì ：誠心誠意。

(9) ① 说一不二 shuō yī bú èr ：食言しない。
　　② 一言为定 yì yán wéi dìng ：一度約束した以上は反故にはしない。

③ 言而有信 yán ér yǒu xìn　　　：約束を守る。

(10)　① 车水马龙 chē shuǐ mǎ lóng　　：車馬の往来が盛んなさま。
　　　② 门庭若市 mén tíng ruò shì　　：門前市を成す。
　　　④ 熙熙攘攘 xī xī rǎng rǎng　　：人の往来が盛んでにぎやかなさま。

邱 奎 福（Qiū Kuífú）

中国黒竜江省出身。
早稲田大学大学院日本語・日本文化専攻博士課程修了。
法政大学，東洋大学，東京理科大学非常勤講師。

主な著書

『キクタン　中国語　慣用句編』　　　　　（アルク）
『現代中国風刺詩事情―戯れ謡で読むほんとうの中国―』
　　　　　　　　　　　　　　　　　　　（小学館）
『ゼロから始めて中国語検定試験・準4級に合格するため
　の本』　　　　　　　　　　　　　　　（アルク）
『起きてから寝るまで中国語表現　超入門』（アルク）
『イラストで学ぶ中国語量詞ハンドブック』（アルク）
『中国語　手紙の文例集』　　　　　　　（アルク）
『やさしい中国語会話』　　（南雲堂フェニックス）
『中国語常用基本単語3233』　（南雲堂フェニックス）
『CDつき　必要なことだけ分かりやすく　中国語会話の
　ための文法入門』　　　　（南雲堂フェニックス）
『中国少数民族のむかし話』　　　　　　（求龍堂）
『初級中国語簡明課本』　共著　　　　　（白帝社）

中国語 成語でコミュニケーション　付・ドリル

2011年 9月 1日　初版印刷
2011年 9月 7日　初版発行

著　者　邱 奎福
発行者　佐藤康夫
発行所　白　帝　社
　　　　〒171-0014　東京都豊島区池袋2-65-1
　　　　TEL 03-3986-3271
　　　　FAX 03-3986-3272（営）／03-3986-8892（編）
　　　　http://www.hakuteisha.co.jp/

組版（株）柳葉コーポレーション　印刷 倉敷印刷（株）　製本 若林製本所

Printed in Japan 〈検印省略〉6914　　　　　ISBN978-4-89174-937-8
落丁本・乱丁本はお取り替えいたします。